Barbara Heller Perpetuum

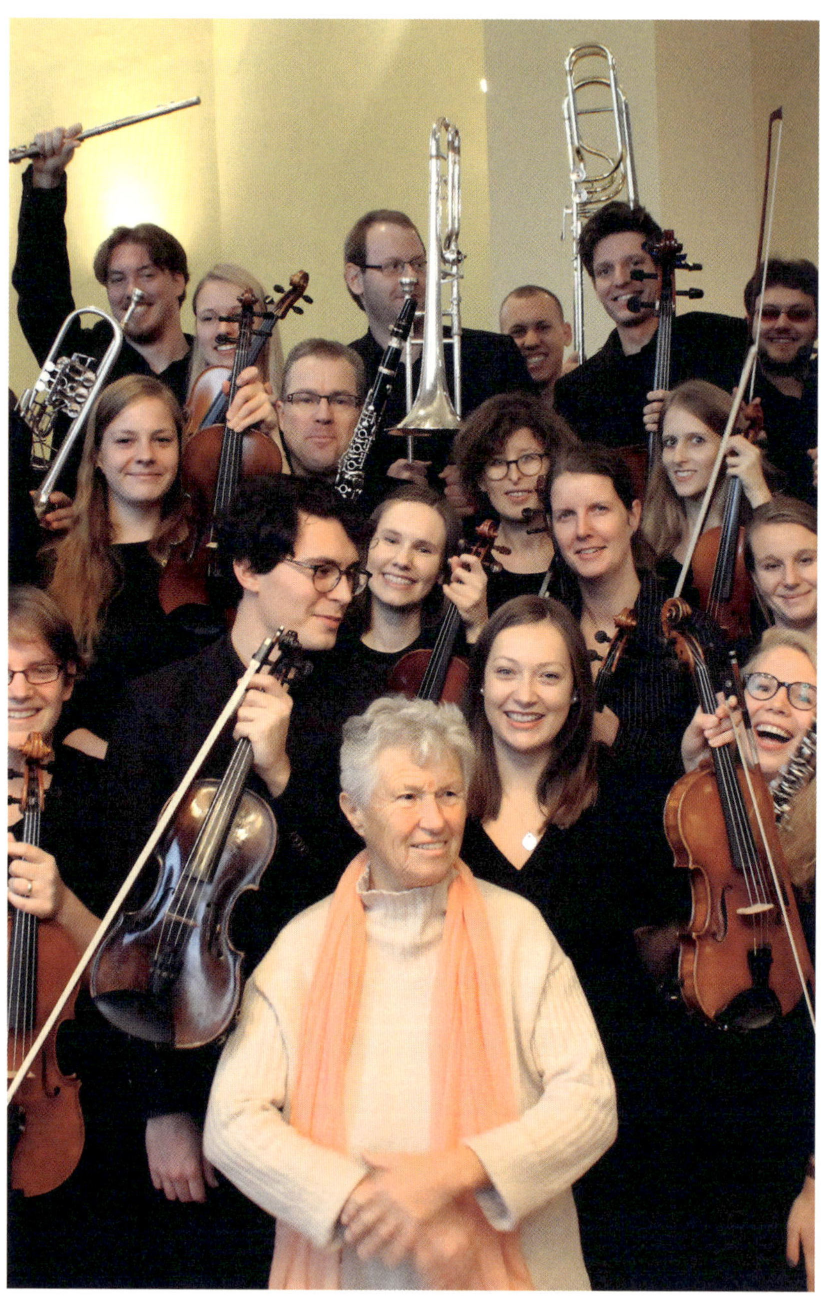

Konzert zum 80. Geburtstag, Jugend-Musik-Ensemble (Heute: Main Orchester Frankfurt), Lukaskirche Frankfurt am Main, 11.12.2016 (Foto: Mathilde Cordellier)

Barbara Heller

Perpetuum
Mein Leben durch Musik

Ein autobiografisches Werkbuch

wolke

Dank an die Mariann Steegmann Stiftung für die Förderung dieses Buches.

Dank gilt den Verlagen Furore, Kassel, und Schott Music, Mainz,
für die Genehmigung zum Abdruck der Notenbeispiele.

Erstausgabe 2023

Gesetzt in der Simoncini Garamond
Umschlaggestaltung: Friedwalt Donner, Alonissos (Foto: Gabriele Juvan)

ISBN 978-3-95593-140-7

www.wolke-verlag.de

Perpetuum

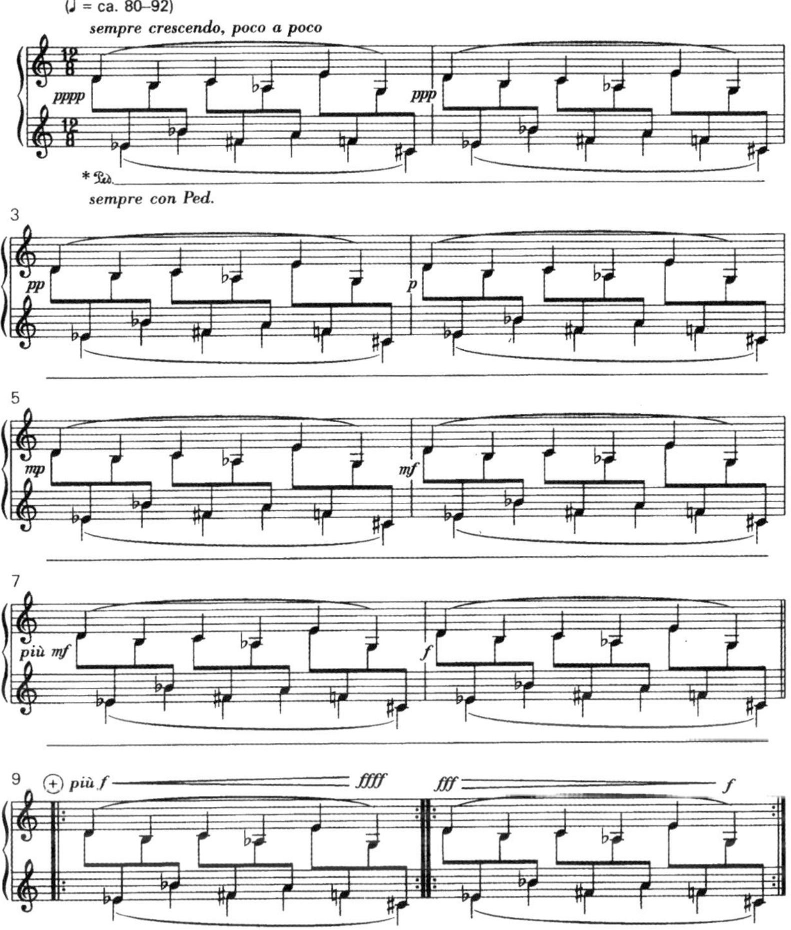

Alle 12 Töne immer ruhig und gleichmäßig anschlagen.

* Das Pedal immer halten, von Anfang bis zum völligen Verklingen am Ende

(+) Diese Figur sooft wiederholen, bis die höchste persönliche Lautstärke erreicht und wieder abgebaut ist, je nach der eigenen dynamischen Spannkraft.

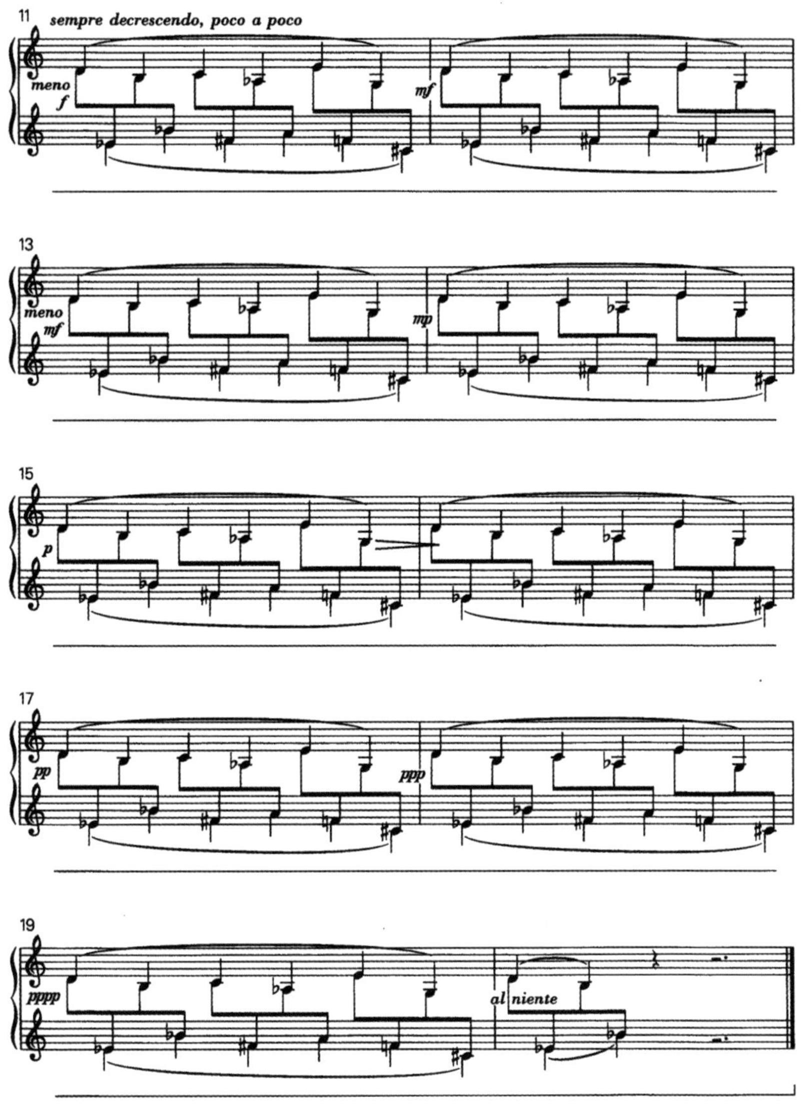

ISMN: M-50012-134-3

Inhalt

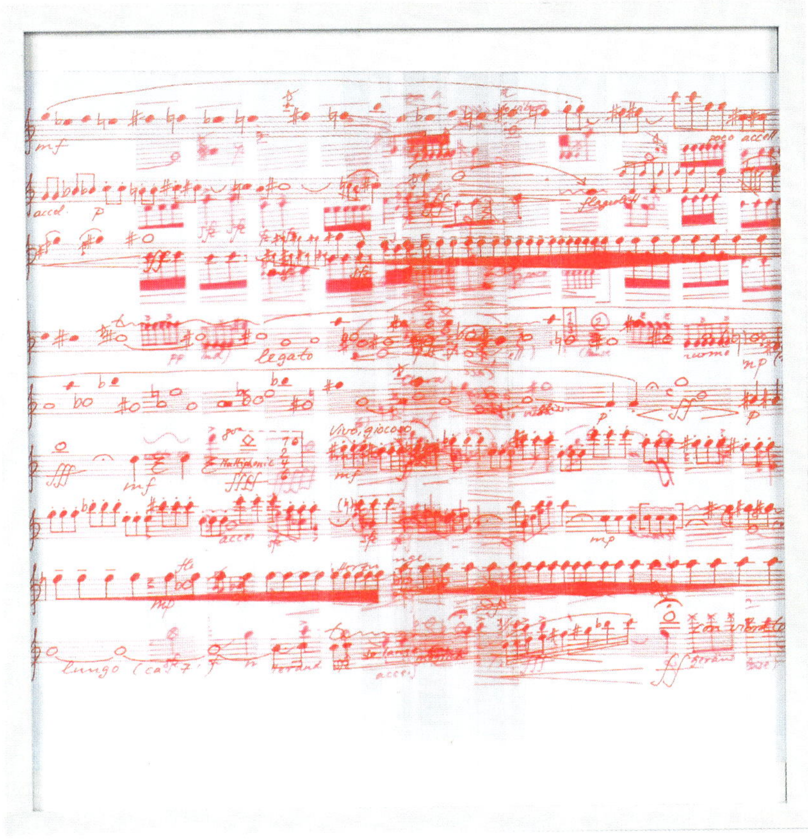

Barbara Hellers *Hör-Bild* mit den Augen des Malers Peter Thoms

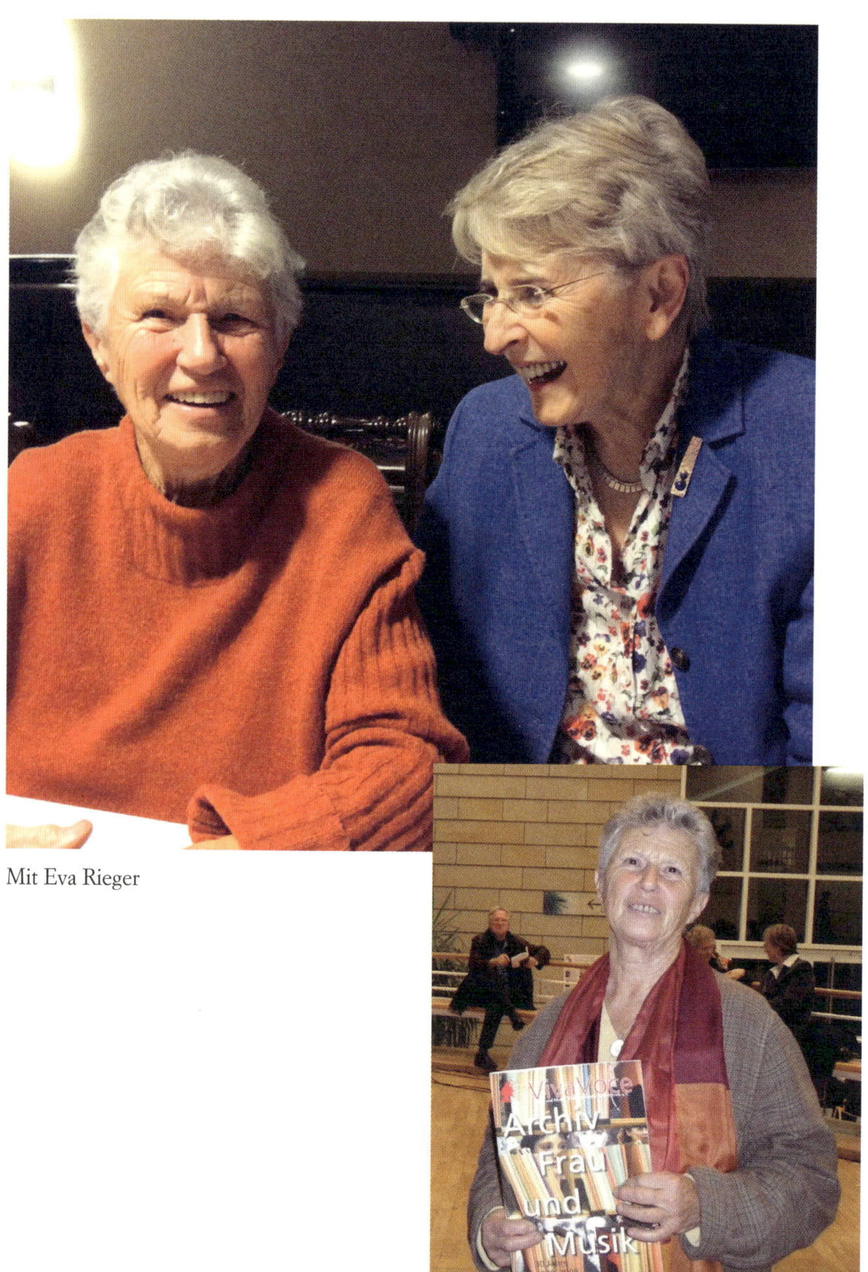

Mit Eva Rieger

Barbara Heller auf der Konferenz von „musica femina münchen“, 31. Januar 2016

Die Komponistin Barbara Heller

Eva Rieger

Schon diese Bezeichnung weckt Zweifel. Barbara Heller, eine Komponistin? Was ist mit ihrer intensiven Beziehung zum Klavier – ist sie nicht auch Pianistin? Sie hat jahrzehntelang erfolgreich doziert und unterrichtet – also ist sie doch wohl auch eine Pädagogin?

Wie steht es mit den einfallsreich-witzigen Postkarten-Collagen und -Zeichnungen, stempeln sie sie nicht auch zu einer bildenden Künstlerin? Außerdem hat sie Musikstücke von Frauen in Sammelbänden herausgegeben – ist sie eine musikalische Feministin? Auf diese Fragen gibt es keine Antwort, denn Barbara Heller lässt sich in keine Schablone pressen, nicht beruflich und schon gar nicht, was ihre Musik betrifft.

Es ist ein Musikschaffen, das von den eher neoklassizistischen Anfängen über die Improvisation bis zum Einbeziehen von Tonbandtechniken, vom einfachen Klavierstück bis hin zu fachübergreifenden Experimenten und Klanginstallationen zu Ausstellungen reicht.

Barbara Heller hat Rollenfixierungen zu einer Zeit durchbrochen, als es in der Gesellschaft noch kaum ein Umdenken gab. Immer wieder wandte sie sich von Lebensstationen ab, die sie bedrückten, und schaute nach vorn, kämpfte sich durch. Gerade deswegen hat sie eine hohe Sensibilität für die Belange von Frauen in der Musikkultur entwickelt. Jammern war aber nie ihre Sache; sie blieb immer interessiert an den Menschen um sie herum, an der Suche nach einer neuen Sinngebung, die sie mit ihrem Schaffen anstrebt. Musik war ihr stets ein Mittel der Selbsterkennung und weniger ein Medium, um sich zu profilieren. Das heißt aber nicht, dass sie sich zurückgezogen hätte. Im Gegenteil: sie sucht bis heute unentwegt nach neuen Klangverbindungen und Ausdrucksmöglichkeiten, die sich auf die verschiedensten Gebiete erstrecken. Sie arbeitet mit bildenden Künstlerinnen und Künstlern, bezieht Umweltklänge unter Verwendung von Tonbandtechniken in ihre Musik ein, improvisiert und komponiert in Zusammenarbeit mit anderen Künstlern, entwickelt Kollektivprojekte mit unterschiedlichen Instrumentalgruppen.

Sie hat ihren Kompositionen fantasievolle Namen gegeben, denen man den autobiographischen Bezug entnimmt, wie beispielsweise *Tagebuchblätter* (1985), oder *Selbstgespräch* (1996). Sie hat Dinge aufgegriffen, die sie aktuell beschäftigten und erschütterten; so verarbeitete sie den tragischen Tod einer Frau bei einer Flugschau zu dem vielbeachteten Werk *Im Feuer ist mein Leben verbrannt* (1987). Sie hat auch mit dem musikalischen Material gespielt, es umgeformt, organisch weiterentwikkelt, sich damit auseinandergesetzt und daran gearbeitet, bis sie mit dem Klangergebnis zufrieden war.

Ihr Leben entfaltete sich in einem Zickzackkurs, der für viele Künstlerinnen typisch ist. Jetzt ist sie angekommen als Komponistin. Damit ist weniger gemeint, dass sie einer breiten Öffentlichkeit bekannt ist (obwohl auch das zutrifft), sondern vielmehr, dass sie ihre Identität als professionelle Komponistin nach langem Suchen gefunden und ausgebaut hat.

Trotz allem ist ihr Leben von einem Hang zur Radikalität bestimmt. Sie hat geforscht, sie hat unterrichtet und sie hat editorisch gearbeitet. 1989 geschah ein großer Bruch, als sie ihre Tätigkeit als Pianistin beendete und sich nur noch auf das Komponieren stützte. Sie hatte schon als Studierende komponiert, es war eine Leidenschaft, die sie sich damals versagt hatte, weil eine komponierende Frau damals eine exotische Ausnahme darstellte. Aber jetzt konnte sie ihren Wunsch erfüllen.

Ich kenne Barbara Heller seit den endsiebziger Jahren, als wir den neu gegründeten Internationalen Arbeitskreis Frau und Musik e.V. mit Leben füllten. Es lag was in der Luft; die Studentenbewegung war zwar vorbei, aber die Veränderungen in der Gesellschaft, der Muff war aus den Universitäten und Hochschulen weggefegt worden, und aus den USA erfuhr man von einer Frauenbewegung. Die ersten Frauenzentren wurden gegründet und Frauen diskutierten über ihre Situation. In dieser Atmosphäre des Aufbruchs entschied die Chorleiterin Mascha Blankenburg in Köln, einen Verein „Frau und Musik“ zu gründen. Barbara Heller war von Anfang an dabei und ich erinnere mich an ihren Humor, ihre Freude über diese Ereignisse. Bis 1981 arbeitete sie im Vorstand des internationalen Arbeitskreises mit. Und sie übernahm 1981 das Archiv.

Natürlich gab es Auseinandersetzungen, Meinungsunterschiede und Barbara wirkte stets ausgleichend, vermittelte und sorgte für Frieden. Nie habe ich erlebt, dass sie sich aggressiv gegen jemand stellen würde, sie akzeptierte auch schwierige Mitglieder, konnte mit allen auskommen. Ich habe das bewundert.

Bei den Sitzungen setzte sie sich oft ans Klavier und spielte was von einer Frau vor, so von Cécile Chaminade, mit einer Begeisterung, die alle ansteckte. Wir hatten eine Fundgrube entdeckt, und es standen uns aufregende Jahre bevor: das Auffinden der Musik von Frauen, deren Namen wir zuvor noch nie gehört hatten, Begegnungen mit Komponistinnen aus vielen Ländern, Frauenfestivals, wo wir deren Musik hören konnten. Immer war Barbara Heller dabei; ihre Neugier auf das Schaffen von Frauen und die Solidarität mit Kolleginnen war ihr selbstverständlich.

Mit dem Aufkommen der Genderforschung wurde das Nachdenken über eine „weibliche Ästhetik“ verworfen und nur noch von einzelnen Wissenschaftlerinnen vorangetrieben. Wenn ein Geschlecht mit Eigenschaften, die veränderbar sind, charakterisiert und verbunden wird, kann es keine fundamentale weibliche Eigenart geben. Und doch fällt auf, dass Barbara Heller in ihren Kompositionen häufig Verfahrensweisen anwendet, die dem traditionellen Schema des männlichen Individualkults und des Zwanges zur Innovation entgegenstehen. Dazu gehört die Fähigkeit, aus wenigem viel zu machen (wenn sie beispielsweise aus dem Tropfen von Wasser eine ganze Improvisation gestaltet), Musik vorzugsweise für bestimmte Personen und Anlässe zu schreiben, sich der funktionalen Musik im breiten Maße zu widmen (beispielsweise mit ihrem pädagogischen Engagement), den Kontakt zur Hörerin und zum Hörer gezielt zu suchen, also die Kommunikation hoch zu ehren, und schließlich, sich nicht in narzisstischer Selbstbespiegelung zu ergehen, sondern alle Kraft auf die Musik selbst zu konzentrieren.

Noch etwas muss ich erwähnen, weil es so zu ihr passt. Sie geht jedes Jahr für einen Monat auf die Insel La Gomera, wo sie alleine in Eintracht mit der Natur ist und kreative Ideen entwickelt und ausführt. Dort kam ihr die Idee zu ihrem Sreichquartett *La Caleta*, Sie sagte einmal über dieses Refugium: „Die Urlaube machen mich leer am Meer, damit ich frei werde für das in mich hineinhören“. Im Odenwald hat sie ein altes Lehmhaus geerbt, auch dort findet sie die Ruhe, die sie braucht, um nachts zu arbeiten.

Sie hat keine Zeit zu verlieren und äußerte sich einmal so: „Im nächsten Leben werde ich gleich nach der Geburt Komponistin. Im letzten Leben war das nicht möglich, da konnte ich gleich nach der Geburt noch lange keine Komponistin werden.“

Barbara Heller hat sich weder einer ins Unpolitisch-Ästhetische führenden Flucht in die Innerlichkeit noch der kritiklosen Eingliederung in den Musikbetrieb verschrieben. Komponieren als Selbsterfüllung: Jetzt ist sie dort angelangt, wo sie so lange hinstrebte, und die große Anerkennung zeigt, dass sie den richtigen, den für sie einzig wahren Weg einschlug. Ihr ist stets bewusst gewesen, dass die Musik beiden Geschlechtern angehört und nicht von einem Geschlecht vereinnahmt werden darf, ebenso dass sie einem Geschlecht angehört, das ihre Solidarität benötigt wie auch umgekehrt.

Laudatio zur Verleihung des Darmstädter Musikpreises, 2019

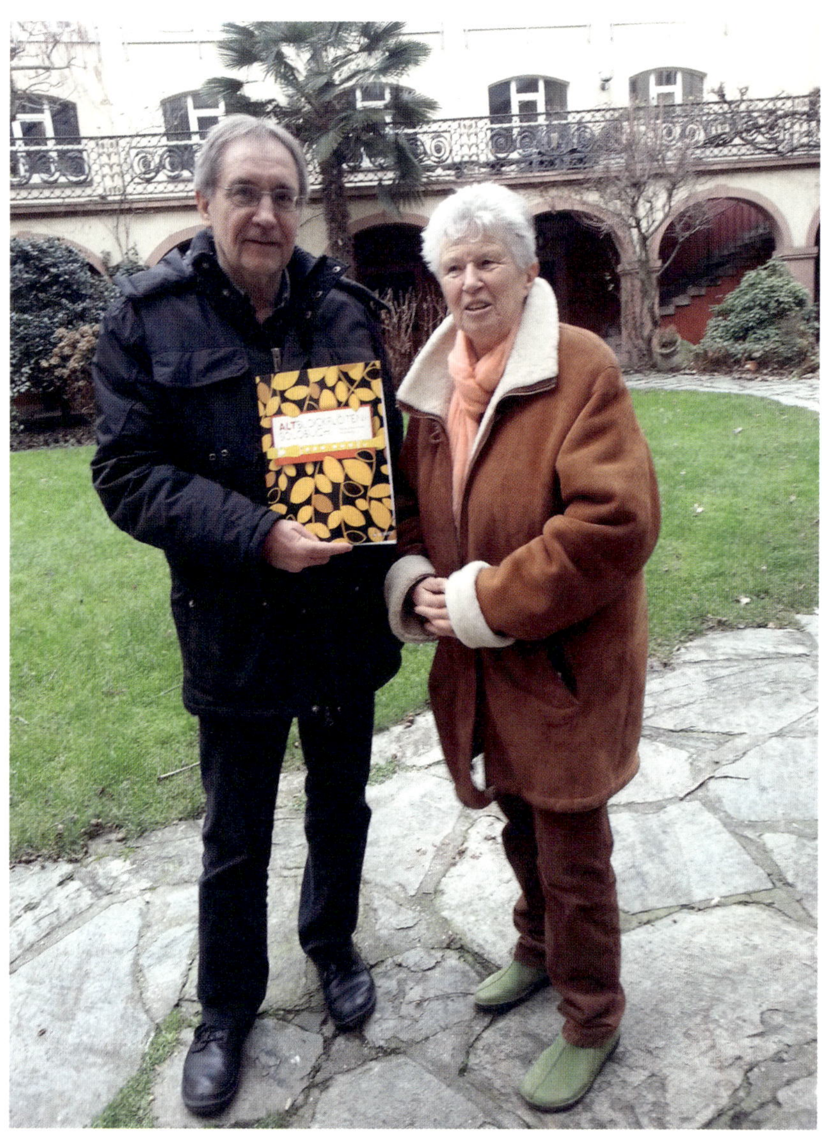

Rainer Mohrs mit Barbara Heller im Innenhof des Schott Verlages, Mainz

Über dieses Buch

Rainer Mohrs

Barbara Heller schaut zurück: auf ihre Musik, auf ihr Wirken als Musikerin und Komponistin, auf ihr Leben. Sie tut dies auf ihre persönliche Weise: nicht als bloße Reise in die Vergangenheit, sondern aus der Perspektive einer Künstlerin, die ihre Werke heute betrachtet, reflektiert, zu verstehen versucht. Sie spürt den Beweggründen ihres Komponierens nach – und damit beleuchtet und dokumentiert sie es für die Gegenwart und die Zukunft.

Dabei schreibt sie keine Autobiographie, sondern betrachtet ihre Werke und deren Entstehungshintergrund, indem sie eigene Texte über ihre Musik zusammenstellt, die sie meist in der Zeit der Entstehung der jeweiligen Werke geschrieben hat: für Programmhefte, als Hinweise für Interpretinnen und Interpreten, als Tagebuchnotiz oder auf Anfrage für Studentinnen, die sich mit ihrem Werk beschäftigten. Diese Betrachtung der Werke enthält aber auch ganz viel autobiographische Information: Warum komponiert sie ein bestimmtes Werk? Was sind die Beweggründe, welches Lebensgefühl treibt sie an, in welcher Lebenssituation befand sie sich? Wie konnte das jeweilige Werk ihr in dieser Lebenssituation helfen, für sich selbst, aber auch dabei, über die Musik in Kontakt zu anderen Menschen zu treten? Dass gerade letzteres der Komponistin sehr wichtig war, zeigen viele der hier zusammengetragenen Texte.

Dieses Buch ist eine Fundgrube für alle, die sich mit dem Werk von Barbara Heller auseinandersetzen möchten, ein kleines Handbuch für die Beschäftigung mit einzelnen Kompositionen, aber auch für die Entwicklung des Kompositionsstils und -prozesses ganz allgemein. In diesem Zusammenhang ist vielleicht eine kurze Betrachtung nützlich, welche Möglichkeiten einer Werkbetrachtung oder Werkanalyse es überhaupt gibt und wie eine Annäherung an Musik grundsätzlich erfolgen kann:

- Die Auseinandersetzung mit einem Musikstück kann subjektiv sein und einfach damit beginnen, dass die eigenen persönlichen und emotionalen Eindrücke beim Hören oder Spielen des Stückes beschrieben werden.
- Eine Werkbetrachtung kann die Prinzipien der Harmonielehre und der Formenlehre anwenden und versuchen, die Komposition mit den

Mitteln der musikalischen Analyse zu beschreiben und stilistisch einzuordnen.

- Ein sinnvoller Weg ist immer auch, die Musik in einen allgemeinen zeitgeschichtlichen Kontext zu stellen und in das musikalisch-kulturelle Umfeld einzuordnen.
- Ein erster Schritt ist oft, sich Sekundärliteratur zu beschaffen und von den Überlegungen anderer Menschen zu profitieren, die sich bereits Gedanken über bestimmte Werke gemacht haben.
- Eine große Hilfe kann sein, Dokumente aus der Entstehungszeit der Komposition zu suchen, zum Beispiel Konzertkritiken zur Uraufführung und vor allem Selbstzeugnisse der Komponistinnen und Komponisten.

Und damit sind wir beim Thema dieses Buches: sein besonderer Wert liegt in der Authentizität, da die Texte allesamt Selbstzeugnisse und Berichte aus der Kompositionswerkstatt sind. Barbara Heller selbst spricht über ihre Musik und gibt uns den Schlüssel zu deren Verständnis. Eigene Aussagen von Komponistinnen oder Komponisten über ihr Werk sind Primärquellen und damit besonders wichtig, anregend und wertvoll. Sie bringen Dinge auf den Punkt, sind authentisch und – gerade, weil sie aus persönlicher Sicht geschrieben sind – sehr aufschlussreich für das Verständnis und den biographischen Hintergrund der Musik: Wie und warum ist ein Stück entstanden? Welche persönliche Aufgabenstellung hat sich die Komponistin gegeben? Gab es eine Initialzündung? Was war der erste Gedanke, der Ausgangspunkt für die Komposition? Worin bestand die Motivation, das Stück zu komponieren? Für wen ist die Musik geschrieben? Gab es bestimmte Aufträge oder Wünsche der Interpretinnen und Interpreten? Warum komponiert Barbara Heller überhaupt? Welchen Stellenwert hat das Komponieren in ihrem Leben? Ist dies in den einzelnen Lebensphasen unterschiedlich?

Auf alle diese Fragen gibt das vorliegende Buch Antworten und es lässt uns nachvollziehen, wie die musikalischen Werke Barbara Hellers entstanden sind. Es sind Werkstattberichte mit lebendiger Aussagekraft und großem dokumentarischem Wert.

Komponieren ist für Barbara Heller immer ein persönlicher Prozess, eine Momentaufnahme aus ihrem Leben und „Sich-Fühlen“. Sie vergleicht das Erfinden einer Melodie mit dem Bild eines Flusses: „Damals habe ich an mehreren Kompositionen für Soloinstrumente gearbeitet und hatte die Vorstellung von der Existenz einer ewig fließenden Melodie, von der ich durch intensives Hineinhören einzelne Ausschnitte notieren wollte [...]. Ich erforschte die feinen Spannungsverhältnisse und den inneren Atem dieser Melodien und suchte nach einer Musik, ähnlich dem Bild eines Flusses, dessen Wasserverlauf ich nur dann sehen kann, wenn ich an irgendeiner Stelle genau hinschaue, obwohl der Fluss ja immerfort überall da ist und sozusagen ewig fließt, auch wenn ich ihn nur an einer Stelle betrachte." (*Solovioline*, 1996)

Dies wirft Licht auf die Art, wie Barbara Heller komponiert. Eine wichtige Rolle spielt die Improvisation, das Ausprobieren von Klängen, das Nachspüren und Erleben von Intervallen und den ihnen innewohnenden Kräften und Spannungsverhältnissen. Komponieren heißt bei ihr immer „In-Sich-Hinein-Hören". Wichtig sind spontane Einfälle und das Erleben der Musik als fließender Prozess: „Soweit ich mich kenne, will ich ja jedes Mal alles erleben und erlebt haben, bevor ich etwas aufschreibe. Es muss stimmen. Es muss ganz ehrlich sein. Es muss mich total überzeugen in diesem Moment." (*Klangblumen*, 2007)

Ein weiterer Aspekt taucht in den Texten immer wieder auf: Komponieren heißt für Barbara Heller, mit Menschen in Kontakt zu treten, Interpretinnen und Interpreten kennen zu lernen und mit ihnen gemeinsam zu arbeiten, Interesse zu erfahren, Lob und Anerkennung zu erleben. Das sind wichtige Antriebsfedern für ihr Komponieren und damit auch für ihr Leben. Sie ist eine „soziale" Komponistin. Es geht ihr nicht nur um die Musik, sondern ebenso wichtig ist die Begegnung mit anderen Menschen: „Eigentlich habe ich immer nur Anstöße gebraucht durch Menschen, die meine Musik schätzten und förderten, mit ihrem Interesse daran. Das spornte an." (*Anschlüsse*, 1980). „Das gefällt mir an meinem Leben. Diese besonderen Situationen, die ich durch meine Kompositionen erlebe." (*Eins für Zwei*, 1985) „Außerdem arbeite ich am besten und am liebsten, wenn ich Bezug zu Menschen haben kann, für die meine Musik bestimmt ist." (*Schmetterlinge*, 1990) „Die Musik kann ja verschiedenste Bereiche in uns bewegen und in Schwingung versetzen. [...] Andere glücklich zu sehen mit etwas, das durch mich entstanden ist, das ist ein großartiges Erlebnis." (*Klangblumen*, 2007)

Viele Kompositionen sind auch inspiriert von Erlebnissen in der Natur, von Gegenständen und Materialien wie Steine, Holz, Glas, Wasser, Blumen, Fossilien. Die Übergänge von Musik und Zeichnung bzw. Graphik sind bei Barbara Heller fließend, denn auch auf dem Gebiet der bildenden Kunst ist sie – als Tochter eines Restaurators für kirchliche Kunst – talentiert und gerne unterwegs. Ein Beispiel für dieses Ausgehen von natürlichen Gegenständen und Materialien gibt sie bei der Beschreibung des Werkes *Ton-Zeichen* und benennt im Werktitel genau diesen Zusammenhang zwischen musikalischem „Ton" und bildlichem „Zeichen". Dabei bezieht sie sich auf ihre unmittelbare Lebens Umgebung, etwa die berühmte Grube Messel in ihrer Heimatregion Darmstadt oder auf Erlebnisse in der Natur auf der Insel „La Gomera“, wo sie oft und lange verweilt: „Nach Fossilienfunden in der Grube Messel bei Darmstadt [...] begann ich mit dem neuen Medium ‚Kopieren‘, die Funde auf Papier zu übertragen. Es war die Zeit, in der das Experimentieren und Improvisieren von Musik und Kunst sich stark verbreitete. Mit der Zeit begann ich traditionelle Noten in die Darstellungen der kopierten Fundsachen zu setzen. [...] Im Verlauf zeichnete ich selbst Landschaften oder Funde aus der Natur und integrierte Notenfolgen hinein, die quasi erzählen sollten, was auf der Zeichnung zu sehen war. So also 1988 auf der Insel La Gomera *‚Wenn Töne auf Bananenstauden wachsen würden‘* oder die Landschaft „Steiniger Ackerboden“. [...] Glas-, Stein-, Holz- und Wasserklänge waren meine Favoriten. Aus all diesen Erfahrungen wuchs dann mein Bedürfnis, nur noch Klänge von außermusikalischen Klangkörpern zu sammeln und damit Musik zu machen.“ (*Ton-Zeichen*, 1988/89) Notierte Musik ist immer auch ein graphisches Kunstwerk. Dies gilt insbesondere für viele musikalischen Handschriften von Barbara Heller.

Was bei vielen Kompositionen ebenfalls eine Rolle spielt ist die Hinwendung zu anderen Menschen, die Anteilnahme an ihrem Schicksal (*Im Feuer ist mein Leben verbrannt*, 1987) und das politische Engagement für Menschenrechte, zum Beispiel für die Rechte iranischer Frauen (*Lalai – Schlaflied zum Wachwerden?* 1988) oder als Solidaritätsbekundung für den tschechischen Schriftsteller und späteren Präsidenten Václav Havel, als dieser aus politischen Gründen im Gefängnis inhaftiert war (*Böhmisches Lied*, 1989).

Ein besonderer Schwerpunkt in Barbara Hellers Wirken als Pianistin, Pädagogin und Komponistin ist ihr Anliegen, das musikalische Wirken von Frauen aus dem unverschuldeten Schattendasein zu befreien und sich für eine breitere Anerkennung ihrer Werke zu engagieren, sei es durch Konzerte, bei denen sie selbst als Pianistin mitwirkte, oder durch die Aufnahme der Noten ins Archiv „Frau und Musik“. Ich erinnere mich sehr gut an meine erste Begegnung mit Barbara Heller im Schott Verlag Anfang der 1990er Jahre, als sie zusammen mit Eva Rieger einen ganzen Koffer mit Violinwerken von Komponistinnen mitbrachte und vorstellte, die sie dann in dem Band „Violinmusik von Komponistinnen“ edierte. Dabei stand ihr selbstloses Engagement für die komponierenden Kolleginnen im Vordergrund, weniger ihr eigenes Schaffen. Seit diesem Treffen war ich bei Schott als Lektor für die Betreuung der Werke Barbara Hellers zuständig und konnte aus erster Hand erleben, was und wie sie komponierte. Sie war eine der ersten, die sich für Aufführungen und Editionen der Musik von Frauen engagierte und als 1986 der erste reine

Frauenmusikverlag gegründet wurde, begrüßte sie dies mit dem Klavierstück *„Furore – ein Traum“* (1986).

Noch ein Gedanke: wir MusikerInnen und MusikwissenschaftlerInnen nähern uns immer mit einem gewissen Respekt, einer gewissen Ehrfurcht dem musikalischen Kunstwerk, betrachten seine Form und bewundern die Komponistin oder den Komponisten, die es geschaffen haben. Wir gehen meist davon aus, dass sie ihre Musik für UNS geschrieben haben. Was wir dabei vergessen bzw. nicht immer auf dem Schirm haben ist, dass das Komponieren auch für die Kreativen selbst ein wichtiger Prozess ist, etwas was Freude macht, eine sinnvolle Aufgabe darstellt, vielleicht sogar in persönlichen Krisen hilft und aus ihnen herausführt. Viele Werkstattberichte zeigen, dass Komponieren einfach ein schöner und wichtiger Teil des Tagesablaufs ist und damit Lebenselexier für Barbara Heller.

Abschließend erscheint es nützlich, vor der Lektüre dieses Buches noch auf einige praktische Aspekte hinzuweisen: die Texte sind chronologisch und werkbezogen gegliedert. Daher kommt es bei den einzelnen Werkbetrachtungen auch schon mal zu Wiederholungen, etwa was die Motivation des Komponierens betrifft, die Entstehung einiger Werke aus dem Spannungsfeld von Improvisation und Komposition oder aus der musikalischen Begegnung mit Naturerlebnissen. Diese Überschneidungen sind keineswegs redundant, sondern sinnvoll, einerseits, weil sie für den Kontext des individuellen Werkes wichtig sind, zum anderen, weil sie zeigen, dass bestimmte Aspekte auch bei anderen Werken eine wichtige Rolle spielen und sich wie ein roter Faden durch Barbara Hellers Komponieren ziehen.

Die Texte wurden meist in der Entstehungszeit der Werke geschrieben, sei es als Beiträge zu Programmheften, als Hinweis für die Interpreten der Uraufführung oder auch als Selbstreflexion. Neben geschlossenen Texten gibt es auch tagebuchartige Notizen, die als „work in progress“ angelegt sind und die Barbara Heller im Laufe der Zeit immer wieder ergänzt hat, zum Beispiel durch aktuelle Konzerterfahrungen oder neue Gedanken. In den letzten Jahren hat sich Barbara Heller mit diesen alten Texten – in einer Art Wiederbegegnung – neu auseinandergesetzt. Sie betrachtet die ausgewählten Texte also als nach wie vor gültig. Außerdem hat sie zu einigen Werken der jüngeren Zeit noch neue Texte geschrieben. Ein Personenregister und eine chronologische Werkliste runden das Buch ab. Dem Wolke Verlag und Peter Mischung gebührt Dank dafür, dass er dieses autobiografische Werkbuch veröffentlicht.

Dadurch, dass die Werkbetrachtungen heute – 2023 – von der Komponistin veröffentlicht werden, erhalten sie über die historische Dimension hinaus auch einen aktuellen Bezug: Die Texte, die Barbara Heller hier zusammengestellt hat, werden von ihr als aufschlussreich und wichtig für ihr Werk und Leben gewertet. Auch wenn nicht alle Werke erwähnt oder kommentiert werden, so gibt uns Barbara Heller doch umfassende und vielseitige Einblicke in ihr musikalisches Denken und Komponieren. Die Texte lassen sich daher auch gut für die Auseinandersetzung mit ihren übrigen Kompositionen nutzen.

Der Stil der Texte ist spontan, aufrichtig, emotional, persönlich und direkt an die Menschen adressiert. Das gibt ihnen einen besonderen Wert. Spontan, aufrichtig, emotional und direkt an die Menschen gerichtet ist auch Barbara Hellers Musik. Es ist die Musik einer Komponistin, die zwischen Kunst und Leben keine Grenze zieht, sondern alles verarbeitet und einfließen lässt.

„Am liebsten wäre ich selbst Musik", hat sie einmal gesagt. Und: „Die Töne sind meine Freunde, mit denen ich kommunizieren kann." Bei der Vorbereitung dieses Buches schrieb sie mir am 17. Mai 2021, etwas Besonderes treibe sie an beim Komponieren: „da ich etwas suche mit der Musik in mir, ich vermute, ich möchte zeigen, was ich für ein Mensch bin, wie ich denke, wie ich die Welt wahrnehme, wie ich die Ganzheitlichkeit des Lebens suche, wie ich an Wunder glaube und was ich für eine Seele bin. Denn ich fühle mich von den anderen Menschen unerkannt. Aber es gibt mich, also zeige ich es mit dieser Art Musik."

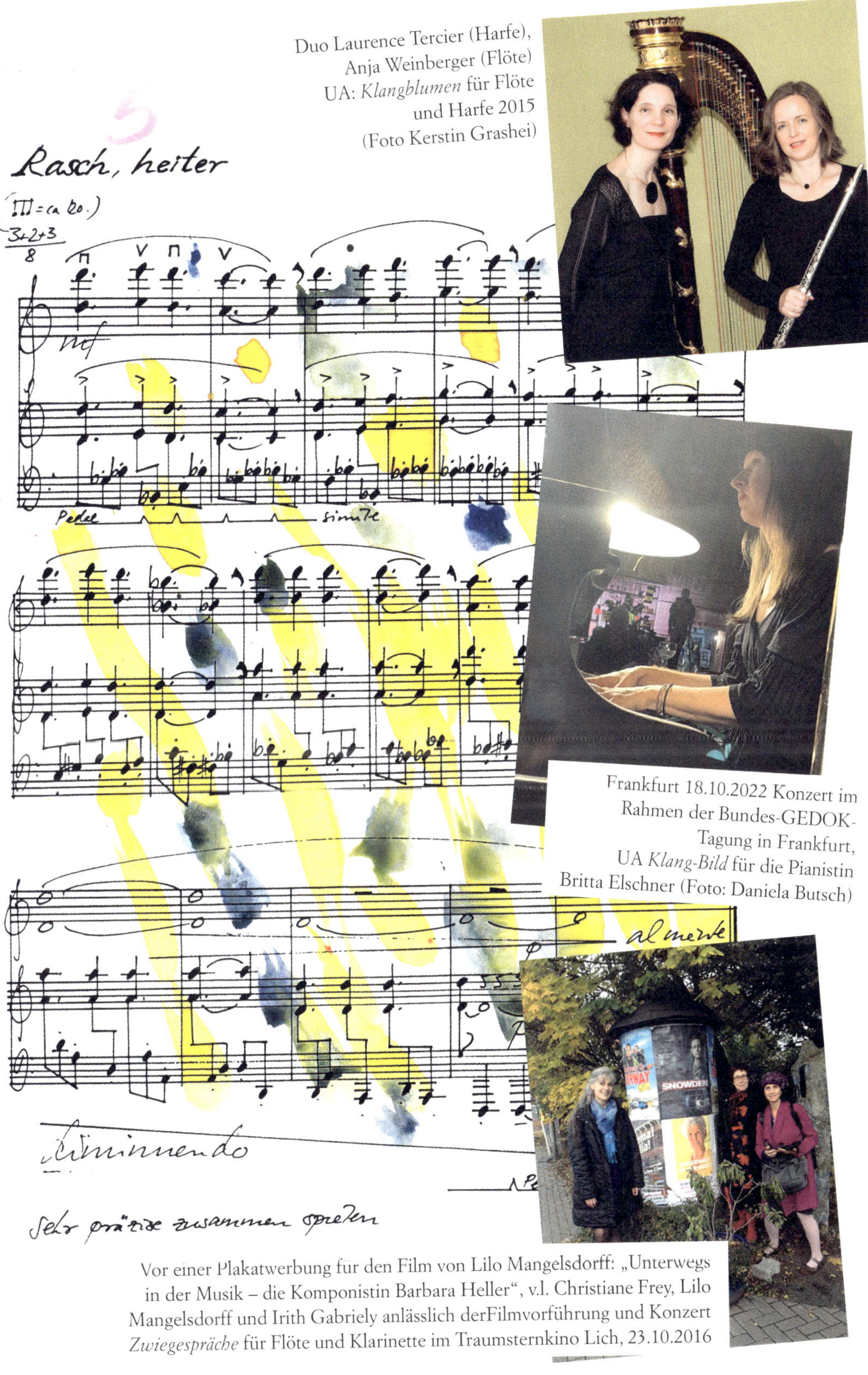

Duo Laurence Tercier (Harfe), Anja Weinberger (Flöte) UA: *Klangblumen* für Flöte und Harfe 2015 (Foto Kerstin Grashei)

Frankfurt 18.10.2022 Konzert im Rahmen der Bundes-GEDOK-Tagung in Frankfurt, UA *Klang-Bild* für die Pianistin Britta Elschner (Foto: Daniela Butsch)

Vor einer Plakatwerbung für den Film von Lilo Mangelsdorff: „Unterwegs in der Musik – die Komponistin Barbara Heller", v.l. Christiane Frey, Lilo Mangelsdorff und Irith Gabriely anlässlich derFilmvorführung und Konzert *Zwiegespräche* für Flöte und Klarinette im Traumsternkino Lich, 23.10.2016

Leben durch Musik

Diese Texte zu meinen Kompositionen handeln davon, wie sich mein Leben auf besondere Weise erfüllt, weil ich Musik schreibe. Davon, was ich alles erlebe, nur weil ich einmal etwas komponiert habe.

Und auch davon, worum es geht bei der Musik: Wie sich eine Komposition entfaltet, weiterwächst mit jeder Aufführung, und welche Ausstrahlungen sie erzeugen kann. Am meisten bewegt mich, was so zu mir zurückkommt und welche Menschen ich darüber kennen lerne, denn das alles erfüllt mein Leben.

Komponieren ist ein Weg von innen nach außen, der wiederum Resonanzen von außen nach innen für mich erzeugt.

Meine Texte sind eine Art autobiografisches Werkbuch. Es ist chronologisch gegliedert nach der Entstehungszeit der ausgewählten Kompositionen. Die unterschiedlichen Erzählungen berichten von auslösenden Momenten, Menschen und Auftraggebern zu Kompositionen, von Arbeitsprozessen, manchmal auch von privaten Lebenssituationen und von meinem Lebensgefühl, von Begegnungen mit den Interpretierenden bei Aufführungen sowie von besonderen Ereignissen auf dem weiteren Weg meiner Kompositionen in die Öffentlichkeit.

Ich glaube, dass ich komponiere, um den Menschen nahe zu kommen – auf einer Ebene, die im Alltag nicht möglich ist. Auch um etwas zu kommunizieren, was mir lebenswichtig ist, ich aber nicht in Worte fassen kann. Mein Innenleben soll nicht unausgesprochen bleiben, also mache ich Musik.

Februar 2023
Barbara Heller

★

SÜDDEUTSCHER RUNDFUNK

Anstalt des öffentlichen Rechts

Heidelberg · Marstallstraße 6 · Telefon 22794/95

Sendestelle Heidelberg-Mannheim

H 26

Kassenstunden:
Montag — Freitag
9.30-12.30 u. 14.30-16.30

Zur Beachtung!
Die Kasse zahlt oder überweist das Honorar erst nach der Mitwirkung und dem Eingang der Einverständniserklärung. Bei Barzahlung ist dieses Schreiben vorzulegen, auf Anforderung ein Personalausweis. Falls Sie Überweisung wünschen, ist die Angabe Ihres Bank- oder Postscheckkontos erforderlich.

Fräulein
Bärbel Heller
M a n n h e i m
==============
A 3, 6a

Heidelberg, den 22.1.58
/Bz.

Betr.: Mitwirkenden-Vertrag II *)

Wir bieten Ihnen an, in der Sendung (Aufnahme)
Klavier (ca. 18 Min.)
Aufnahme: HM 2267, 5.2.58, 1o-12 Uhr

am Sendung: Produktion

als (Art der Mitwirkung) Klavier

zu den auf der Rückseite abgedruckten allgemeinen Bedingungen und gegen

ein Honorar von DM -13o.-

(in Worten: Deutsche Mark -Einhundertdreissig-)

mitzuwirken. Wenn Sie einverstanden sind, bitten wir Sie um Unterzeichnung und Rücksendung der anliegenden Einverständniserklärung (blau), womit dieser Vertrag gültig wird.

Konto 52o/6oo1 H 13o.-

SÜDDEUTSCHER RUNDFUNK
Anstalt des öffentlichen Rechts
Sendestelle Heidelberg-Mannheim

*) Nach dem Mitwirkenden-Vertrag I werden Wiederholungen jeweils besonders vergütet, nach dem Mitwirkenden-Vertrag II schließt das Honorar die Vergütung für sämtliche Wiederholungen ein.

Form. 2 60 Block à 4x50 Bl. 1. 57.

Ich spiele meine *Suite für Klavier* (1956) und eine Haydn-Sonate in G-Dur im Rundfunk ein

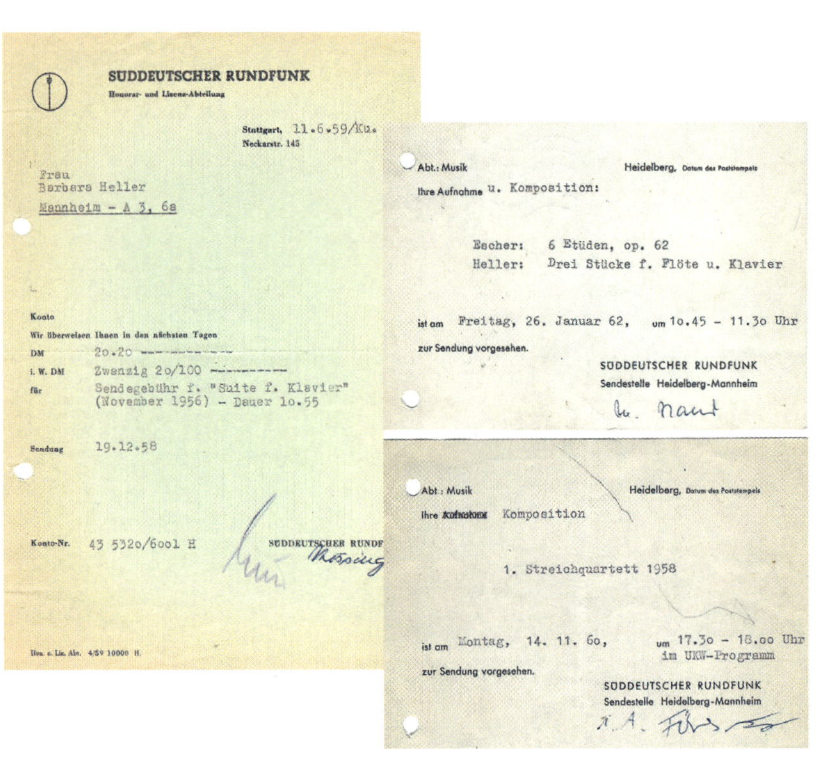

SÜDDEUTSCHER RUNDFUNK
Honorar- und Lizenz-Abteilung

Stuttgart, 11.6.59/Ku.
Neckarstr. 145

Frau
Barbara Heller
Mannheim - A 3, 6a

Konto
Wir überweisen Ihnen in den nächsten Tagen
DM 20.20
i. W. DM Zwanzig 20/100
für Sendegebühr f. "Suite f. Klavier" (November 1956) - Dauer 10.55

Sendung 19.12.58

Konto-Nr. 43 5320/6001 H

SÜDDEUTSCHER RUNDF

Hon. u. Liz. Abt. 4/59 10000 H.

Abt.: Musik Heidelberg, Datum des Poststempels

Ihre Aufnahme u. Komposition:

Escher: 6 Etüden, op. 62
Heller: Drei Stücke f. Flöte u. Klavier

ist am Freitag, 26. Januar 62, um 10.45 - 11.30 Uhr
zur Sendung vorgesehen.

SÜDDEUTSCHER RUNDFUNK
Sendestelle Heidelberg-Mannheim

Abt.: Musik Heidelberg, Datum des Poststempels

Ihre ~~Aufnahme~~ Komposition

1. Streichquartett 1958

ist am Montag, 14. 11. 60, um 17.30 - 18.00 Uhr im UKW-Programm
zur Sendung vorgesehen.

SÜDDEUTSCHER RUNDFUNK
Sendestelle Heidelberg-Mannheim

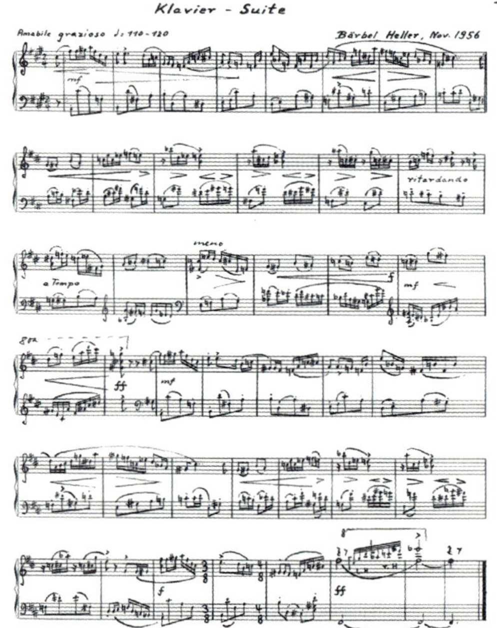

1956
Klaviersuite

Die *Klaviersuite* habe ich während meiner Studienzeit geschrieben. Mein Klavierlehrer wollte immer wieder, dass ich etwas komponiere. Er meinte, eine Suite bestünde aus vielen einzelnen Stücken, das würde es für mich erleichtern. Mein damaliges Bewusstsein als Pianistin ließ mich die Suite so schreiben, dass ich sie dann auch spielen könnte. Das habe ich gemacht. Ich durfte sie sogar in Zürich in einem Konzert der Gemeinschaft Deutscher und Österreichischer Künstlerinnenvereine aller Kunstgattungen (GEDOK) spielen, die mich sehr gefördert hat. 1960 spielte ich sie auf Vermittlung meines Lehrers auch im Studio Mainz des Südwestfunks (SWF). Da war ich sehr stolz. Leider existiert diese Aufnahme nicht mehr. Wie gerne hätte ich nochmal gehört, was ich damals gekonnt habe. Die *Klaviersuite* ist sehr chromatisch und deshalb recht schwer zu spielen. Ich wollte damals keine rein tonale Musik spielen.

Geschrieben: 2019

Dass die Klaviersuite jetzt auf CD zu hören ist, verdanke ich der Pianistin Sontraud Speidel, die sie 2011 auf ihrer CD „Sontraud Speidel spielt Barbara Heller“ bei organo phon aufgenommen hat.

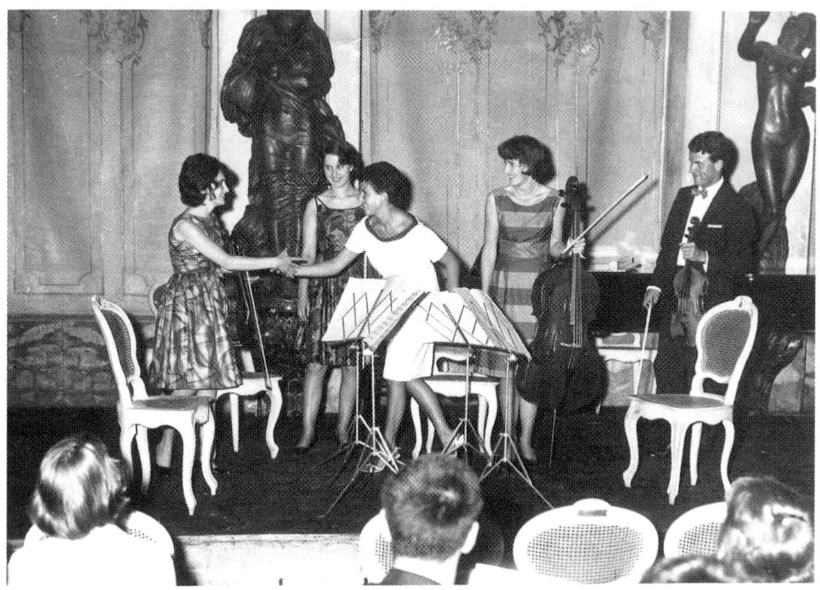

Italienische Erstaufführung des Streichquartetts durch das Quartetto per Archic (England), v.l.: Anne Wills, Pauline Scott, Joanna Milholland, Colin Kitching, Accademia Musicale Chigiana, Siena, 4.9.1963

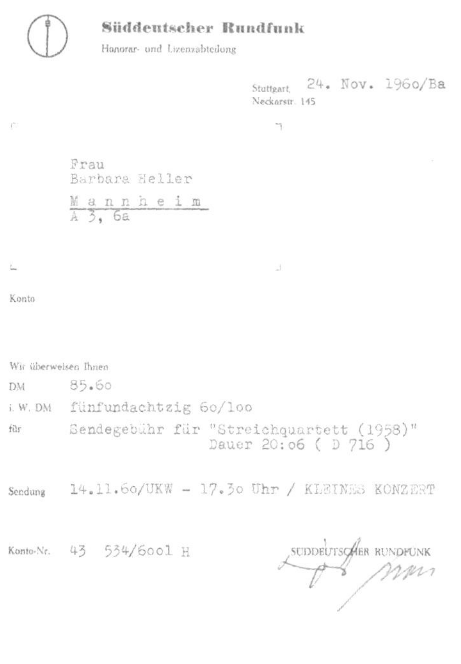

Süddeutscher Rundfunk
Honorar- und Lizenzabteilung

Stuttgart, 24. Nov. 1960/Ba
Neckarstr. 145

Frau
Barbara Heller

Mannheim
A 3, 6a

Konto

Wir überweisen Ihnen
DM 85.60
i. W. DM fünfundachtzig 60/100
für Sendegebühr für "Streichquartett (1958)"
Dauer 20:06 (D 716)

Sendung 14.11.60/UKW – 17.30 Uhr / KLEINES KONZERT

Konto-Nr. 43 534/6001 H

SÜDDEUTSCHER RUNDFUNK

Hon. u. Liz. Abt. 7/60 10000 Hsn.

1958
Streichquartett

Das Streichquartett entstand während meiner Studienzeit in der Kompositionsklasse von Hans Vogt an der Musikhochschule in Mannheim. Ich erinnere mich, dass er gesagt hat, ich solle zuvor Partituren von Joseph Haydn, Ludwig van Beethoven und Hugo Wolf studieren. Haydn und Wolf haben mir gefallen.

Da ich im Studium außer Klavier und Flöte auch Bratsche spielte, hatte ich eine persönliche Klangvorstellung für Streicher entwickelt. Damals nährte der praktische Umgang mit Instrumenten meine musikalische Fantasie. Die Struktur des Quartetts hatte ich unter der Führung meines Lehrers grob entworfen und ich sollte den ersten Satz nach traditionellem Vorbild in Sonatenform schreiben. Noch heute weiß ich, wie lange ich damals nach dem ersten Thema gesucht habe, denn aus diesem wollte ich das ganze Material für den Eröffnungssatz gewinnen. Deshalb beginnt der erste Satz im unisono.

Im zweiten Satz – Scherzo – realisierte ich meine Neigung zur klanglichen Heiterkeit. Ich wollte Freude und Leichtigkeit erwirken und hatte mehr eigene Inspiration als im ersten Satz, auch weil ich das hier verwendete Dreiermetrum liebte.

Für den dritten Satz – Adagio – hatte ich mir vorgenommen, jedes Instrument solistisch zu behandeln und die Motive entwickelten sich aus meinen melodischen Vorlieben beim Bratschenspiel. Auch schwärmte ich damals für das Cello. Im vierten Satz – Finale – tobte ich meinen Spaß an rhythmischen Spielen aus.

Meine Vorstellungen von einem „Finale“ waren allerdings damals bereits raffinierter, intensiver und teilweise noch pathetischer, als ich sie mit meinem handwerklichen Vermögen realisieren konnte. Während der Arbeit am Streichquartett wusste ich bereits, von wem es aufgeführt werden sollte. Die Uraufführung fand im Rahmen eines Konzertes der Kompositionsklasse Hans Vogt am 20. Oktober 1959 in der Kunsthalle in Mannheim mit dem Ringelberg-Quartett statt.

Geschrieben: 7.2.1990

1961
Drei Stücke für Flöte und Klavier

Dieses erste Duo habe ich in meiner Studienstadt Mannheim im Auftrag von Stephanie Pellissier geschrieben. Sie hatte mich 1958 als Pianistin in die Gemeinschaft der Künstlerinnen und Kunstfördernden e.V. (GEDOK) aufgenommen und lange Zeit gefördert, wie das auch die Pianistin Else Landmann und die Sängerin Leni Neuenschwander getan haben.

Damals spielte ich als junge Pianistin mit Karin Schmidt-Eisener, meiner Flötenlehrerin und später befreundeten Kollegin oft in Konzerten der GEDOK auch Kammermusik für Flöte und Klavier. Ich spielte sehr gerne mit ihr, sie war eine sehr gute, souveräne Flötistin und damals schon überregional bekannt. Im Programm hatten wir die Sonate meines Kompositionslehrers Hans Vogt, die Sonate von Paul Hindemith und dann diese *Drei Stücke* für Flöte und Klavier, die ich eigens für unser Duo geschrieben hatte.

Im ersten Stück, „Improvisation," oder damals auch „Pastorale" genannt, beginnt die Musik noch kontrapunktisch, wie ich es im Unterricht mit dem Fuxschen Kontrapunkt gelernt hatte. Als zweites Stück folgt eine „Elegie" und war – ich weiß es noch gut – eine schwere Geburt, denn Karin hatte Schwierigkeiten mit den hohen Tönen, und ich selbst wusste noch nicht so genau, wie ich einen langsamen Satz schreiben könnte. „Capriccio," das dritte Stück, war inspiriert von dem letzten Satz der Sonate von Hindemith, die wir besonders gern spielten. 6/8 Takt liebte ich damals schon, diesen gewissen Rhythmus, das Rasche und etwas Virtuose! Es fordert ein perfektes rhythmisches Zusammenspiel beider Instrumente. Zwanzig Jahre später, 1981, habe ich noch einmal in ähnlicher Form einen 3. Satz für Klarinette und Klavier geschrieben, im Duo *Früher oder später*.

Ein Freund meines Vaters, der Augsburger Kunstmaler Otto Schmidt machte mir zu den *Drei Stücken* Zeichnungen auf einer Lebkuchendose: Meine Mutter, die in Augsburg geboren ist, besorgte für die Winterszeit gute Lebkuchen in einer runden, hohen Dose, von einer Firma, die „Schmitts Lebkuchen" oder so ähnlich hieß. Ich assoziierte diesen Schmitt mit dem Maler Schmidt der mir die drei Figuren in Form ge-

SAMSTAG, 4. MÄRZ 1961, 20 UHR, KURPFÄLZISCHES MUSEUM

GEDOK-CYKLUS

3. ABEND:

JUNGE KÜNSTLER IN MUSIK UND DICHTUNG

Barbara Heller, Klavier (Mannheim)
Karin Schmidt-Eisener, Flöte
Irmgard Hoepke, Rezitation
Gert Kalow, Einführung und Interpretation

*

Barbara Heller: Uraufführung	Drei Stücke für Flöte und Klavier a) Improvisation b) Elegie c) Capriccio
Annette v. Droste-Hülshoff:	In der Mergelgrube
Gertrud Kolmar:	Mein Sohn Eine Mutter
Christine Busta:	Mittagsgesicht Arcanum
Silja Walter:	Die Irre
Christine Lavant:	Daß ich dem Mond mein Gemüt überließ
Dagmar Nick:	Ruf
Margarete Neumann:	Ein Blatt
Britta Titel:	Vergeblichkeit
Christina Köves:	Gib deine Hand den Bäumen
Ilse Aichinger:	Das Fenster-Theater
Christa Reinig:	Die gelbe Blume Ausweg
Ingeborg Bachmann:	Reigen Die große Fracht Die gestundete Zeit Anrufung des großen Bären

*

Hans Vogt, op. 59	Kleine Sonate für Flöte und Klavier Allegro-Kanzonette (Allegretto ma non troppo) Rondo (Allegro moderato)

schwungener Frauenfiguren auf diese Dose zeichnete: Pastorale, Elegie und Capriccio.

Schon damals also hatte ich Kontakt mit anderen kreativen Menschen und wie in diesem Fall auch bereits mit bildenden Künstlern. Das brauchte ich wohl damals schon und brauche es bis heute als geistige Belebung und Inspiration. Die Heidelberger Flötistin Karin Schmidt-Eisener kannte ich schon zuvor als Lehrerin. Zwei Jahre hatte ich versucht, Querflötespielen zu lernen, es gelang mir aber kein guter Ansatz für die Tongebung. Sie meinte damals, es liege an meiner Lippenformung, die dafür ungeeignet war, denn meine Mundwinkel gehen nach unten. Zum Studium gehörte für die Schulung der Tongebung, des ‚singenden Tons' auch ein Melodieinstrument. Bei mir wurde das später die Bratsche, leider ebenfalls nur kurz, weil der Lehrer früh verstarb.

Die Noten der *Drei Stücke* für Flöte und Klavier hatten nur ich und die Flötistin. Ich kam nicht auf die Idee, sie anderen Musikern zu geben, es war für unser Duo geschrieben und nur wir beide spielten es. Das war damals ganz normal. Ich war ja hauptsächlich Klavierspielerin und auch bereits -lehrerin. So fühlte ich mich im Ganzen als Musikerin. Damals hatte ich viele Aufgaben:

Auftritte mit dem Solotänzer Roger George, den ich auf der Bühne mit klassischer Musik begleitete, viele Kammermusikproben mit Studierenden der Hochschule, Orchesterbegleitung anhand von Klavierauszügen mit den Solisten für ihre Konzerte, gelegentliches Duo-, Trio- oder Quartettspiel mit dem Geigenstudenten Hans Kalafuss, wobei mir das Forellenquintett von Schubert besonderen Spaß machte. Wir wurden als Studierende auf von der Hochschule vermittelte kleinere Konzerte geschickt, um etwas Geld zu verdienen und Routine zu bekommen. Die Hochschule sorgte für eine Eingliederung in die Zeit nach dem Studium, in den Beruf.

Damals bekam ich mindestens einmal im Jahr eine Sendung im Süddeutschen Rundfunk, Sendestelle Heidelberg. Das war prima. Ich fuhr nach Heidelberg mitten in die Altstadt und fühlte mich im Studio schon fast wie zu Hause. Wir Studierenden waren ja alle nach Abschluss des Studiums bei Hans Vogt an verschiedenen Orten, um zu sehen, welchen Berufszweig wir ergreifen wollten. So durften wir Probespiele am örtlichen Sender machen, wobei ich mich sogar einmal als Hörspielkomponistin übte, und dann besuchten wir gemeinsam den Schott Verlag in Mainz, und lernten die einzelnen Lektorate kennen. Einmal war ich probeweise als Hauskomponistin am Nationaltheater in Mannheim. Aber ich wollte mich damals für all das nicht verpflichten. Ich hatte bereits von 1958–1961 eine Stelle an der Musikhochschule mit 24 Stunden Klavierunterricht pro Woche und wurde für das Unterrichten gut bezahlt.

1986 hat der Furore Verlag Kassel eine handschriftliche Ausgabe der *Drei Stücke* veröffentlicht. Ich habe dafür die Noten alle noch einmal in Schönschrift abgeschrieben. Es sollte in diesem Verlag anfangs möglichst viele autographische Notenausgaben geben, das war eine besondere editorische Idee. Eigentlich wünschte ich mir eine gut gesetzte Ausgabe davon, auch wenn meine Handschrift als schön bezeichnet wird. Aber alles, was gedruckt war, hatte seinerzeit mehr Geltung.

Die *Drei Stücke* sind ganz aus dem Herzen, aus dem Gemüt und aus der damaligen Spielpraxis komponiert. Ich kannte noch nicht viel moderne Musik, obwohl ich 1958 die „Internationalen Kranichsteiner Ferienkurse für Neue Musik" mit einem Stipendium erstmals besucht hatte. Aber offensichtlich war ich dennoch relativ unwissend und unerfahren gewesen. Später, in den 80er Jahren, der Zeit des Aufbaus von „Frau und Musik – Internationaler Arbeitskreis e.V." habe ich die Stücke dann viel gespielt. Ein ganzes Jahr lang waren sie Pflichtstück bei einem Interpretationswettbewerb der GEDOK. Das verdanke ich der Komponistin und Kollegin Gertrud Firnkees, die mich ebenfalls in der GEDOK förderte.

Seinerzeit, 1961, wohnte ich noch im Elternhaus. Das war bequem. Ich wurde versorgt und hatte meine Freiräume, konnte viel arbeiten. Den Schreibtisch, auf dem die Stücke abgeschrieben sind, hatte mir mein Vater nach meinen Wünschen aus Kirschbaumholz bauen lassen: drei große Schubladen für die großen Partituren und auf der Rückseite eine Fußleiste, um meine Füße abstellen zu können. Er steht jetzt bei mir zuhause in Hammelbach in der Komponierstube.

Geschrieben: 1. Juli 2009

Nach fast 50 Jahren hat die amerikanische Flötistin Lynn Elms die autographe Notenausgabe im Notenprogramm Finale neu gesetzt, weil sie im Konzert nicht gut aus der Handschrift lesen konnte. So gibt es inzwischen auf meinen Wunsch eine neue Satzbild-Ausgabe, die Lynn Elms ebenfalls im Furore Verlag Kassel herausgegeben hat. Einige Rundfunkeinspielungen liegen bei den jeweiligen Sendern in den Archiven. Dort lassen sich Kopien der Musik anfordern, die Archivnummern sind am Ende des Buches aufgelistet. Die *Drei Stücke* gibt es außerdem auf YouTube.

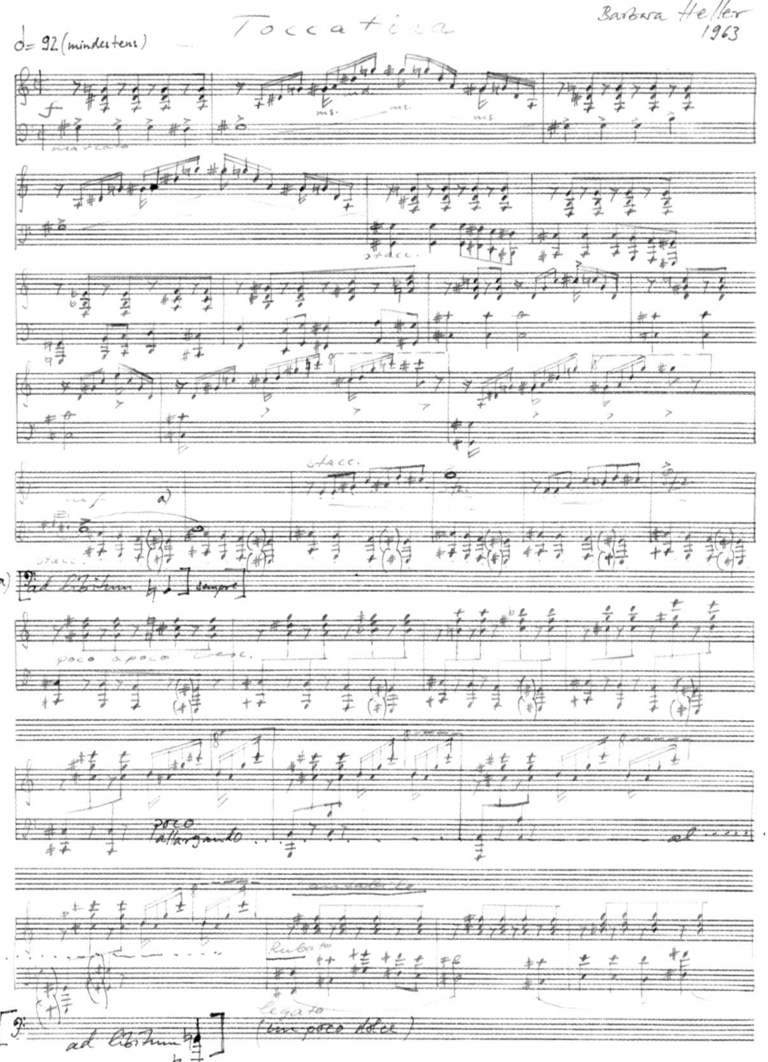
Toccatina
Barbara Heller
1963
d= 92 (mindestens)
f
marcato
ms.
stacc.
a)
ad libitum
sempre
poco a poco cresc.
poco allargando
Rubato
legato
(un poco dolce)
ad libitum

1963
Toccatina für Klavier

Die *Toccatina* hat mir in den ersten Jahren der Frauenbewegung zum Durchbruch verholfen. Die Leute meinten, sie klinge so männlich und das gefiel RedakteurInnen und JournalistInnen. Sie galt als Beispiel dafür, dass Frauen „so gut wie ein Mann" Musik machen können. Heute lächle ich darüber, aber im Herzen bin ich dankbar, dass die PianistInnen die *Toccatina* entdeckt, gespielt und unterrichtet haben. So in Holland die rumänische Pianistin Liana Serbescu, die mir ihre Tonbandaufnahme davon sandte. Sie ließ die *Toccatina* im Schülervorspiel vortragen und nahm sie als Examenswerk für zeitgenössische Musik in ihre Prüfungsprogramme auf. In Deutschland machte die Dirigentin Barbara Kaiser in Berlin ihr Examen mit der *Toccatina* und bei einem Interview, das der Rundfunksender Rias in Berlin mit mir führte, wurde sie als Werkbeispiel gesendet.

Als ich das Band erstmals hörte, war ich erstaunt, wie gut die Musik ist. Zwar sehr bravourös und virtuos, aber ich war ja auch noch jung, als ich sie geschrieben habe, ohne sie je gespielt zu haben. Als ängstliches Mäuschen habe ich kompositorische Versuche nur gemacht, wenn mein Mann nicht zuhause war. Wieso eigentlich hatte ich generell Angst vor seinen Bemerkungen über mein Klavierspiel und meine Musik?

Ich war mir als junge Frau meiner Fähigkeiten nicht so bewusst und konnte sie nicht wertschätzen. Es nützt aber letztlich nichts, sich selbst zu verleugnen, denn früher oder später werden wir uns selbst gegenüber ehrlich, und damit dann auch den anderen Menschen gegenüber.

Dann kommt die Krise. In meinem Falle die Scheidung, das wurde 1972 klar. Ich frage mich, ob sich das schwierige Leben als alleinstehende Mutter mit Kind hätte vermeiden lassen, wenn ich mehr Mut gehabt hätte.

Ein Student, der in Bremen 2004 die *Toccatina* wieder spielte, sagte mir auf meine Nachfrage, dass er die Noten von seinem Lehrer Professor Werner Kämmerling bekommen habe, um sie zu studieren, und dass seine Mutter sie seit 2 Jahren unterrichte. Sie wurde von den Klavierlehrerinnen entdeckt, vor allem von Monika Thiery in Aschaffenburg, der späteren Herausgeberin der 2. Auflage der *Toccatina* im Furore Verlag 2012. Einer ihrer Schüler, Benedikt, spielte sie, als sei es *seine* Musik. Manchmal kommt es vor, dass jemand eine Komposition von mir so spielt, als wäre sie ihm auf den Leib geschrieben. Es passt total. Und viele jüngere KlavierspielerInnen empfinden diese Musik auch so, als wie für sie geschaffen. Vielleicht liegt das daran, dass ich beim Komponieren 1961 selbst erst 27 Jahre jung gewesen bin.

Geschrieben: 2004

Über die Kontakte zu mir bekannten Klavierlehrkräften im Pädagogikbereich begann ich vor einigen Jahren für Kinder und Jugendliche zu schreiben, oftmals anlässlich der Wettbewerbe „Jugend musiziert". Für viele Jugendliche löste der Gedanke an ein Vorspiel oder einen Wettbewerb Stress aus. Andere wiederum brauchten ein Ziel, um ernsthaft zu studieren. Mir verschafften Wettbewerbe kleine Aufträge. Die Aufführungen, von denen ich erfahren habe, habe ich aufgelistet, aber meistens erfahre ich leider nicht, wo und wann meine Musik gespielt wird. Zu dieser Zeit bildete allerdings auch der Rundfunk für uns Musikausübende eine existenzielle Grundlage. Das ist bedauerlicherweise für die gegenwärtige Generation von KomponistInnen weniger aktuell.

Geschrieben: 2017

1977
MMM – Meer (mehr) Musik als Malerei

In *MMM* verschwimmen die Grenzen zwischen Musik und Malerei bereits im Titel.

Meer (mehr) Musik als Malerei ist die einzig notierte Musik aus meiner Zeit experimenteller Klangsuche und Improvisation, um neue kompositorische Möglichkeiten aufzufinden. In den 70er Jahren erlebte ich Tonband und Kassettenrecorder als neue Medien und war begeistert, nun alles, was klingt, aufnehmen, in mein Studio tragen und immer wieder hören zu können, um experimentell damit zu arbeiten. Ein Auftrag des Darmstädter bildenden Künstlers Ralph Neun zu einem „Akustischen Portrait" führte dazu, dass ich ein volles Jahr lang jeden Tag 45 Minuten am Klavier spielte, improvisierte oder Klangereignisse aufnahm, immer und überall, wo ich mich gerade befand. Ich nannte das Projekt *365 Tage: ein Cassettentagebuch*. Dieses Notizbuch auf Kassetten war der Beginn einer sehr langen Improvisationsphase. Nach den Sommerferien am Meer hatte ich die Ohren voll von Erinnerungen an die Meereswellen, die immer wieder mit ähnlichem Klangverlauf ans Ufer rauschten, und doch jedes Mal andere Klangfiguren erzeugten. Das versuchte ich am Klavier mit Fingerläufen in Musik umzusetzen, stundenlang. Von den übrigen 364 Tagen mit Aufnahmen von allem, was ich an Klang erzeugte oder auffand gibt es keine schriftlichen Aufzeichnungen.

Das Ergebnis des Jahres, die 365 Kassetten, wurden von Ralph Neun datiert und bildnerisch mit Holzrahmen für eine Ausstellung in der Galerie Oppermann in Köln gestaltet. Sie enthalten spontane Improvisationen am Klavier, Auszüge aus Übungsphasen der Klaviermusik von Fanny Mendelssohn, Alltagsgeräusche, Ausschnitte aus Gesprächen oder Radiosendungen an verschiedenen Orten, absichtlich produzierte Klangereignisse mit außermusikalischen Klangkörpern, und Aufnahmen von Wassergeräuschen in einer Meeresbucht auf Ibiza. Die Wellenverläufe des Wassers an der Inselküste, die ich in der Folge des Urlaubs aus der Erinnerung tagelang improvisatorisch am Klavier umzusetzen versuchte, gaben den Anstoß zu *MMM*. Für eine Ausstellung in Köln notierte ich einen kleinen Ausschnitt davon auf Papier im Format etwa 80 x 80cm.

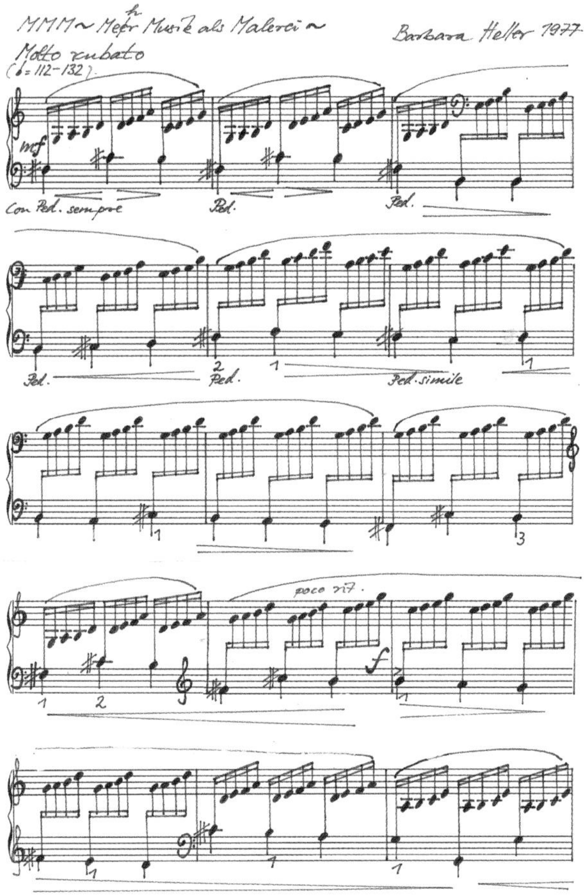

Ich zeichnete fünf Notenlinien in Wellenform und setzte die Noten für *MMM* darauf. Es war mehr Musik und weniger Malerei.

Nachdem einige Jahre später die Kassettenrekorder mehrspurig wurden, entstanden weitere Tonbandkompositionen, bis ich etwa 1982 in Zusammenarbeit mit dem Medienkünstler und Komponisten Nikolaus Heyduck begann, Klanginstallationen über viele Jahre lang zu entwickeln. Davon hat der Furore Verlag Kassel 1997 die CD „Ton–Zeichen" mit Salto Records International veröffentlicht sowie eine Notenausgabe mit einigen dieser teils grafisch notierten Stücke 1989 als Klavierausgabe publiziert, die den Deutschen Editionspreis „Best Edition" erhalten hat.

Geschrieben: 3.11.2020

1980
Piano Muziek voor Anje

Briefliche Antwort an Christine Ancke auf ihre Anfrage

Liebe Christine Ancke,
Hier ist das Bild der Druckseite aus dem Schott Verlag.

Es war ein starkes Erlebnis, zum ersten Mal Musik von mir gedruckt zu sehen! *Piano Muziek* ist eine Art Schlüsselwerk. Bis 1980 gab es nur die frühen Klavierstücke *Suite* (1956), *Sonatine* (1961) und *Toccatina* (1963), deren Autographen sich im Archiv des Internationalen Arbeitskreises Frau und Musik e.V. befinden. Dort können sie von Mitgliedern dieses Vereins ohne mein Wissen kopiert und genutzt werden. So entdeckte eine der Gründungsmitglieder – die rumänische Pianistin Liana Serbescu aus Amsterdam – diese Musik. Sie nahm sich Kopien an ihre Schule in Tilbourg mit. Ihre Studierenden spielten im Laufe der Zeit in Schülervorspielen oder bei Prüfungen diese Klavierstücke als Beispiele für Musik des 20. Jahrhunderts. Eines Tages erhielt ich eine Tonbandkassette und hörte erstmals die *Toccatina* als Mitschnitt eines Schülervorspiels. Ich war überrascht, wie gut sie mir gefiel, denn seinerzeit (in der Komponierphase 1963) hatte ich diese Musik nur aufgeschrieben aber nie gespielt. Als Komponistin definierte ich mich damals noch nicht. Das Komponieren war eher eine wichtige Nebenbeschäftigung. In der Hauptsache lebte ich als Pianistin und Klavierlehrerin.

Zusammen mit der Tonkassette kam 1980 auch ein Brief aus Holland mit dem Wunsch der Pianistin nach mehr Klaviermusik dieserart. Für mich war dieser Stil inzwischen längst überholt. Daher überlegte ich lange, wie ich der Studentin eine Freude machen konnte, wenn sie wirkungsvolle, aber leicht spielbare Klaviermusik wünschte. Dass sie noch mehr wünschte, leitete ich davon ab, wie gut ihr die *Toccatina* gefallen hatte. Es war inzwischen nicht mehr mein Geschmack so effektvoll zu komponieren. Daher ist *Piano Muziek* zwar extrem rhythmisch betont (wie die *Toccatina*) mit einem gleichbleibenden System, was das Spiel erleichtert (wie bei der *Toccatina*) und manuellen, leicht spielbaren Figuren, d.h. eine Musik, die eher aus den Fingern kommt und eher banal ist (wie in der *Toccatina*). Die Klangfarbe wird auf eine gewisse Weise eingeengt durch das Spiel mit den Intervallen der Sekunde und Septime. Diese erscheinen zuerst ganz eng gesetzt, alle Töne sehr nahe beieinander, was musikalisch

Piano Muziek voor Anje van Harten

Barbara Heller (1980), geb. 1936

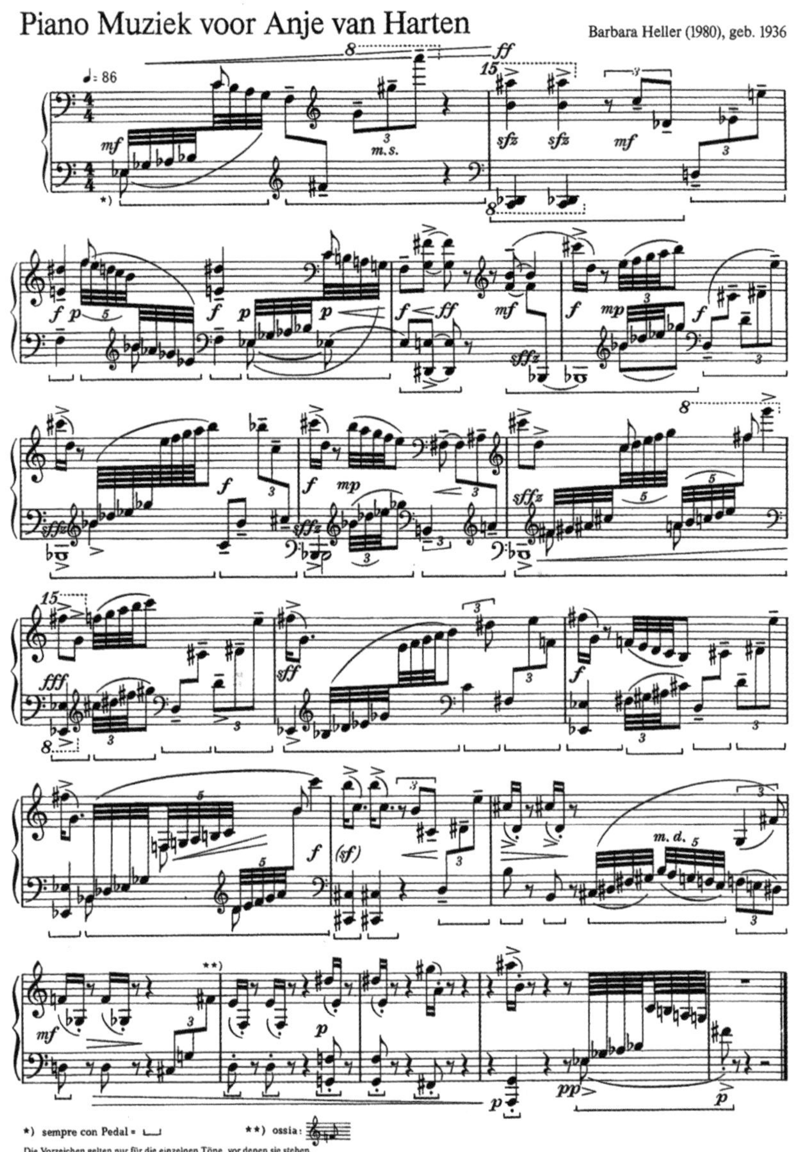

*) sempre con Pedal = ⌴ **) ossia:

Die Vorzeichen gelten nur für die einzelnen Töne, vor denen sie stehen.

 Aus: Frauen komponieren, 24 Klavierstücke Schott ED 7197 (4. Auflage 2011)

eine Art Klangfeld – mehr eine Farbe – bei den Vier- und Fünffingerfiguren ergibt. Dann folgen direkt Sprünge nach oben, die weit auseinanderliegen, um einen Raum zu schaffen, wobei der beharrliche Rhythmus eine gewisse Aggression erzeugt.

Die Idee dahinter ist, sehr harmlos zu beginnen und in dieser Figur (des 1. Taktes) eine immense Steigerung – ausgehend von lieblicher Klangfarbe zu aggressivem Stampfen (Fußaufstampfen bei der Triole) – durch das crescendo zu erzeugen. Und damit die Betonungen auch jedes Mal lauter werden, wird mit abwechselnd rechter und linker Hand gespielt. Das Tonmaterial der Septimen und kleinen Sekunden (bzw. Nonen) – Sprünge in Takt eins aus den Tönen: f, fis, g, gis, a – setzt sich im Takt zwei fort mit b, h, c und cis/des und geht dann möglichst chromatisch weiter mit des, d, es, e, um die Spannung der Steigerung zu verstärken. Das Ganze gipfelt im zweiten Takt dann in den Schlägen, die durch die lockeren Zwischentriolen, die relativ harmlos plätschernd gespielt werden, im Takt drei wieder in einem Schlag und der Fortsetzung des Spieles zwischen harmlosem Fingerspiel und hartem bestimmten Schlag, der rhythmisch sehr exakt sitzen soll. Das Insistierende ist dabei wichtig, z.B. die kleine Veränderung in Takt 6 und 7 dann, wenn der Schlag in zwei Impulse verwandelt wird oder in Takt 8 wo dieser mit mehr Bestimmung, deshalb etwas langsamer (als Achtelfigur) erscheint.

Und ganz privat für Sie, Christine Ancke: Damals habe ich innerlich gedacht, es klingt so ähnlich, wie wenn mir jemand etwas verbietet, ich aber sage, „ich will das aber." Dieses „Ich will" kommt immer abtaktisch und ist sehr hart und laut – weil sich da jemand wehrt und durchsetzen will. Das geht ja dann so bis zum Ende, wobei die Kraft nachgelassen hat und das „Ich will" kommt daher immer leiser und immer seltener, muss aber genauso bestimmt und kräftig gespielt werden wie zu Anfang. Das heißt, die Durchsetzungskraft soll hörbar hervorkommen. Diese paar Takte Musik sind relativ gewaltsam. Sie zwingen Hörende in eine bestimmte Richtung.

Heute finde ich das viel zu subjektiv auf eine solche Art zu komponieren. Aber ich sehe heute auch daran, wie aggressiv ich selber damals war und wie eingeschlossen, dass ich mich auf so eine Art nur in der Musik zeigen konnte. Im Leben ging es mir ganz anders. Da hatte ich kapituliert. Biografisch gesehen, hatte ich diese zwei Seiten nur für diese Schülerin komponiert – und dann auch wieder vergessen, wie Jahre zuvor die *Toccatina*. Erst als ich die Musik in dem Sammelband sah, entdeckte ich sie für mich selber und war ganz erstaunt, dass sie gelungen war. Ich hatte meine Musik zum 1. Mal gedruckt gesehen, das war schon was, wo ich doch immer dachte, dass es bedeutungslos sei, was ich da tue. Und plötzlich fand ich es sehr schade, dass diese Musik auf zwei Seiten so kurz war, viel zu kurz. Und so begann ich zu komponieren und mich zu entscheiden: Ich werde Komponistin. Das Ergebnis waren die *Anschlüsse*. Sie heißen so, weil ich quasi aus den 2 Seiten ganz viel darum herum angeschlossen hatte, noch mehr Musik daraus gemacht, die ich in diesen Keimen eingesperrt gefunden hatte. Ich komponierte dann viele Jahre lang keimhaft. Und später habe ich diese Keime sich in anderen Kompositionen entfalten lassen.

Das war meine Arbeitsweise. Neulich hat mir ein Pädagoge erklärt, genau das würde meine Musik pädagogisch so wertvoll machen, weil sie eine Art Aufgabe enthält und sehr deutlich eine musikalische Struktur hat, weil sie aber auch erlebt ist und sehr echt. Ja, das hatte ich ja intuitiv so komponiert damals...

Jetzt haben Sie viel Text zu lesen. Und, wenn noch etwas zu Fragen bleibt, fragen Sie!

Mit *Solovioline* ist es auch eine ähnliche Geschichte. Da habe ich eine neue Kompositionsweise am Schreibtisch ausprobiert. Mit Intervallreihen. Total im Kopf komponiert, trotzdem klingt es so kitschig. Ich spielte damals viel romantische Klaviermusik von Fanny Mendelssohn, damit verdiente ich einige Jahre meinen Lebensunterhalt.

Also, jetzt sende ich das mal ab.
Tschüss, draußen ist es so schön, ich will mal an die Sonne,

Gruss Barbara
Gerne bekomme ich wieder mal Antwort von Ihnen.

Geschrieben: 16. April 2003

1981
Früher oder später
für Klarinette und Klavier

Ein Neubeginn nach langer Schweigepause

Es war eine ausgefüllte Zeit damals: voller Leben, Musik und Arbeit. Hinter mir lagen die Jahre der Gründung und des Aufbaus von Frau und Musik e.V. und die Bekanntschaft mit vielen Musikerinnen, auch sehr berühmten, professionellen Komponistinnen. Ob ich damals schon meinen neuen Flügel hatte und wieder Pianistin werden wollte? Ich glaube. Ja! Von heute aus besehen, lebte ich damals sehr am Rande. Ich musste sparen, war ärmlich angezogen, ernährte mich nachlässig und arbeitete zu idealistisch ohne zu ahnen, wohin das führen wird. Ich hatte keine klare Beziehung zu meiner Umgebung, war voller Träume, Phantasien und Ideen. Die roten Stiefel, die ich zur Uraufführung von *Früher oder später* in Frankfurt anhatte, waren für meine damaligen Verhältnisse zu teuer und deshalb erspart und schließlich mit viel Überwindung gekauft. Man konnte sie umschlagen und die Innenseite nach außen tragen und deshalb vielseitig einsetzen, der Fuß war weich eingebettet. Damals lief ich noch nicht barfuß oder nur mit Strümpfen wie heute, hatte aber wohl doch schon das Bedürfnis, mich in Schuhen leicht und frei zu fühlen, um gut spielen zu können. Dasselbe gilt für die Kleidung: schwarze Hosen, weißes Hemd, schwarzer Kittel – das ist die übliche Musikerkleidung –, allerdings alles armselige Stoffe und billige Ware. Die Haare trug ich lockerer und ich fühlte mich wohl damals.

Mit Irith Gabriely Musik zu machen war eine Freude. Sie war eine Vollblutmusikerin, die genau wie ich versuchte, ihr persönliches Leben zu verwirklichen und sich nicht von der Gesellschaft einzwängen zu lassen. Als ich sie kennenlernte, war sie mit dem französischen Komponisten Patrick Fouillard befreundet. Ich habe einmal seine Kompositionen für Klavier in einem Konzert gespielt und versucht, gemeinsam mit ihm zu komponieren. Ich wollte immer wieder zusammen mit anderen komponieren und etwas Gemeinsames machen. Später haben Irith und ich das auch mit den „Briefen an Irith“ versucht umzusetzen. So schrieb ich ihr ein paar Noten auf, sie führte es weiter und gab es an mich zurück, dann antwortete ich wieder. So ging es eine Zeit lang zwischen uns hin und her. Es waren Spielereien, die uns schlicht Spaß machten. Das schönste am Musikmachen war, dass es Freude machte, in diese seelisch-geistig ganz andere Welt einzutauchen. Das war der Grund, warum ich es tat, glaube ich.

Das Duo für Klarinette und Klavier *Früher oder später* entstand im Auftrag für ein Konzert zum 70. Geburtstag von Hans Vogt. Er war in der Studienzeit mein Lehrer und alle seine Schüler komponierten etwas für ihn. Einer von ihnen hatte die Idee dazu und schrieb uns allen einen Brief mit dem Appell mitzumachen. Ich hatte Angst, weil Hans Vogt wohl gewisse Qualitäten von uns erwartete, um seinen Ansprüchen als ehemaligen Lehrers zu genügen. So dachte ich an „früher": an die Zeiten bei ihm im Unterricht, im Studium an der Mannheimer Musikhochschule, daran, wer ich gewesen bin und wie ich damals komponierte. Ich begann daher mit einer strengen strukturellen Idee. Klänge am Klavier, Figuren der Klarinette dazwischen. Die Figuren waren allerdings eher eine einzige Figur, die sich minimal verändert, ohne dass die Veränderung bemerkt würde. So verfuhr ich auch mit den Klängen am Klavier. Es entstand eine insistierende Musik, die sich dann am Ende kanonisch auflöst. So hatte ich gelernt zu komponieren. Und wie nun weiter?

Ich liebte zu dieser Zeit besonders die Musik der Französin Lucie Robert. Auch Hans Vogt kannte und schätzte ihre Musik. Er war in der Jury des Mannheimer Komponistinnenwettbewerbes, der von Prof. Leni Neuenschwander ins Leben gerufen wurde, und lernte so auf einer anderen Ebene als ich im Laufe der Jahre alle die vielen Komponistinnen aus aller Welt kennen. In den gängigen Musiklexika waren ja keine Komponistinnen aufgeführt. Übrigens hat Hans Vogt in seinem Lexikon *Neue Musik seit 1945* im Reclam Verlag über die belgische Komponistin Jacqueline Fontyn geschrieben. Ich kann mir vorstellen, dass ihm ihre Musik gefallen hat. Auch er war ein Ästhet, der Klarheit liebte. Das Kühle, Klare, Lichte und Feine; eine Ästhetik ohne Schwere und Dramatik, und doch eine dichte, intensive Musik. Sie konnte die Musik fließen lassen. 1961 gefiel mir ihr Klaviertrio sehr gut. Ich erinnere mich genau. Später habe ich es selbst einstudiert und gespielt und auch sie näher kennen gelernt. Sie kam auf meine Einladung in die Gründungsgruppe des Internationalen Arbeitskreises Frau und Musik, verließ uns jedoch später wieder. Genau wie ich hatte auch sie nicht gewusst, dass es schon in den Jahrhunderten vor uns derartig viel Musik von Komponistinnen gegeben hat. Wie viele von uns Komponistinnen wurde sie als ‚die einzige' gefeiert, obwohl das nicht stimmte. Ihre Wohnung war voller Fotos, auf denen sie neben namhaften Komponisten zu sehen war. Mich hat ein Foto mit Witold Lutosławski beeindruckt, dessen Streichquartett ich Jahre später in

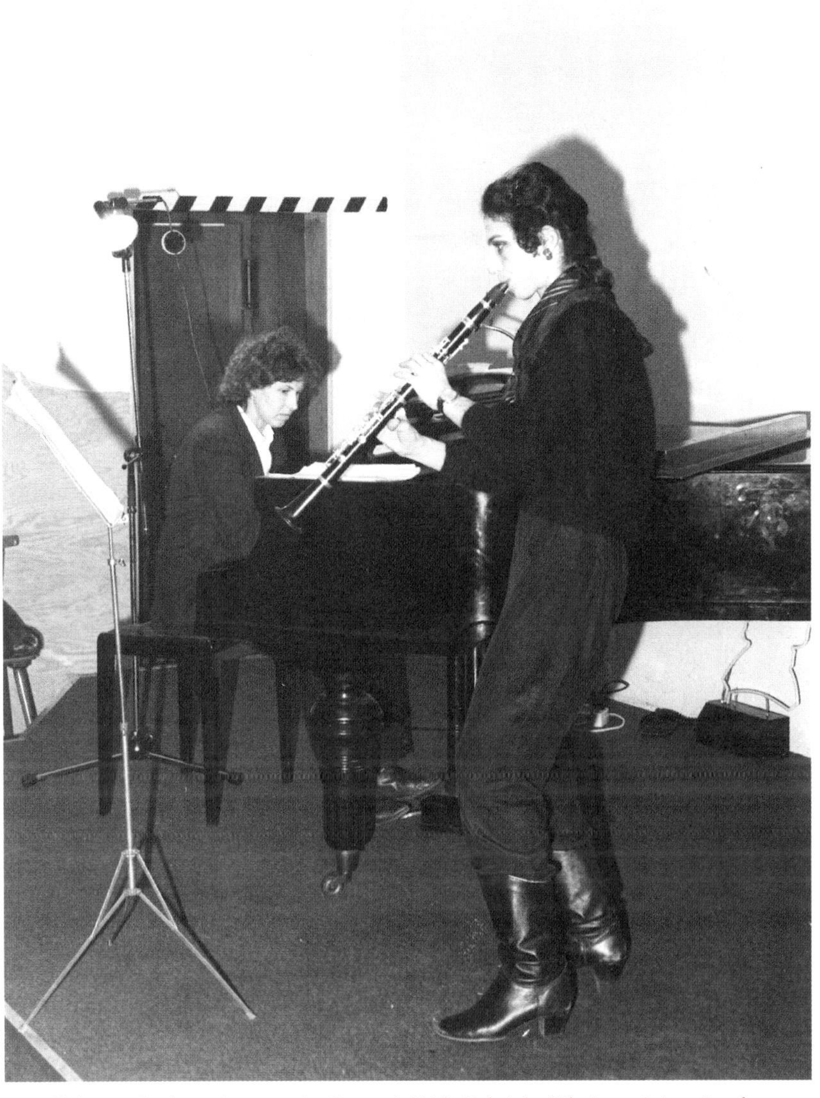

Uraufführung *Früher oder später* im Duo mit Irith Gabriely (Klarinette), im „Sandsturm“, Frankfurt, 7.5.1983 (Foto: Petra Welzel)

Darmstadt hören konnte und monatelang davon berührt blieb. Jacqueline Fontyn ist sehr kollegial. Sie lud mich zu einer Sendung bei Radio Brüssel ein, wo wir ihr Werk für Flöte und Klavier mit der Flötistin Elke Bruno spielten. Zu reisen und zu spielen war damals schön und passte in mein Lebensalter, als ich, jung wie ich war, schon während des Studiums viel zu Konzerten gereist bin. Wie oft bin ich viele Stunden im Zug gesessen, habe Noten gelesen, einsam, so vor mich hin... Manchmal hatte ich mein stummes Klavier dabei und übte noch währende der Zugfahrt. Musik zu machen, so ganz direkt am Instrument, war bereits eine intensive Lebenserfüllung. Aber da war noch dieser andere Drang, meine Fantasien schweifen zu lassen und ihnen Form zu geben.

Leider wusste ich meistens nicht wie. Eine Komposition erforderte jeweils viel Zeit, denn ich suchte immer das, was ich in mir von ferne wahrnahm und schwerlich nach außen bringen konnte. Es gelang nur mit der Zeit und vielen Versuchen, bis es im Kopf ankam. Der Maßstab, dass es passte, war eine gewisse intuitive Ästhetik, obwohl meine Musik so kopflastig klingt, wie ich heute finde. Auch wenn alles über das momentane Erleben und Empfinden kam, weiß ich heute, dass es damals schon in gewisser Weise meine Sprache war.

Nun zurück zum zweiten Teil von *Früher oder später*: Ich wusste nicht, was tun und ging viel mit Freunden spazieren. Einmal waren wir im Odenwald und besahen eine Hügelkette gegenüber von uns, da traf mich ein Inspirationsblitz, ich ging nach Hause und gestaltete den Verlauf des zweiten Satzes so, wie ich den Verlauf des Horizontes der Hügelkette gesehen hatte: die Abstände der Bergspitzen voneinander im selben Verhältnis wie im Odenwald, dazwischen lang gedehnte Täler. Die Klarinettistin Irith Gabriely hatte einen so fantastisch langen Atem für die langen Töne. Schwer tat ich mich aber mit der Harmonik. Ich hatte kein Gerüst und ließ alles in der Schwebe, weniger willentlich denn aus Not. In *Drei Stücke für Flöte und Klavier* von 1961 hatte ich einen ähnlichen Konflikt, dass ich nur schwerlich einen langsamen Satz schreiben konnte. Die Elegie ist ziemlich zusammengebastelt. Und dennoch – oder gerade deshalb! – hat sie etwas von mir. Ich hatte es nur noch nicht so perfekt entwickelt. Jetzt im Alter kann ich das besser.

Der dritte Satz ist dann sehr vom Stil der Komponistin Lucie Robert inspiriert und übernimmt von ihr einige Strukturen, wie zum Beispiel die Takte, die sich zu einer Art Stimmungsbild fügen und dadurch einen Ruhebereich in der permanent fließenden Musik gestalten. Damals wusste ich nichts von Kunst der Klangfarben, obwohl ich hätte müssen, wo ich doch die Musik des Darmstädter Komponisten Hermann Heiß, der so viel Klangfarbenmusik komponiert hat, fast 5 Jahre gehört und dokumentiert habe. Ich war eine Spätzünderin. Das Ende des Stückes sollte offenbleiben. Ich wollte nie aufhören. Während ich gut starten kann, fällt mir das Abschließen schwer. Bei einer Probe hatte Irith Gabriely die Idee, am Schluss mit der Klarinette bei offenem Pedal in den Flügel hineinzublasen, um diese faszinierenden halligen Klänge zu erzeugen. Sie liebte damals schon ein bisschen die Schau und hat das erst später mit ihrem Klezmer Ensemble Colaleila ausgebaut. Aber ich erinnere mich, dass sie damals auch ausdauernd Stockhausens Solostück „Harlekin" übte, für dessen Aufführung sie sich einen Harlekinanzug und Ballettschuhe besorgte. Ich hatte in Darmstadt eine Aufführung davon mit ihr erlebt. Sie blies sehr dynamisch und lebendig. Nun, das war gewiss eine gegenseitige Befruchtung. Wir haben dann ein paar Jahre lang als Duo konzertiert und dabei auch viele Stücke von Komponistinnen gespielt, deren Partituren sich bei uns im Arbeitskreis Frau und Musik e.V. immer mehr ansammelten. Aber ich suchte gerne auch selbst in Bibliotheken nach Noten. In der Bibliothek der Internationalen Ferienkurse für Neue Musik in Darmstadt fanden wir einige, nachdem dort seit 1948 KomponistInnen zu Gast waren, die ihre Partituren dagelassen haben. So kam ich als Pianistin in Kontakt mit neuer Musik, nachdem ich selber früher mehr klassische Musik studiert und wenig Modernes gespielt hatte. Die Pflichtliteratur von damals eben...

Ich spielte jedoch Paul Hindemith, Béla Bartók, Philip Jarnach, Hugo Pfitzner, Helmut Degen, Julius Weissman, Ernst Toch, Jean Françaix, Francis Poulenc und (immerhin!) die Sonate von Pierre Boulez, die Pflichtstück zur Aufnahme für ein Stipendium bei den Ferienkursen war. Sie gefiel mir aber nicht und ich wollte sie so wenig studieren wie die Stücke von Alban Berg und Anton Webern. Leider... Erst später entdeckte ich das alles.

Energetisch betrachtet, lebte ich damals nur übers Musikmachen. Alles andere war Nebensache geworden. Ich war ja noch nicht ganz frei für eine totale Hingabe an das Musikdasein seinerzeit. Sebastian, mein Sohn, lebte seit meiner Scheidung im Jahr 1972 noch bei mir und verließ mich erst 1984. Er war sehr selbstständig und hatte seine eigenen Interessen. Er hatte auch seine Band namens IPS und spielte oft im Darmstädter „Herrngarten". Damals verdiente er 500 Mark, während ich 100 Mark brachte. Oft lachte er mich aus und sagte: „Du sitzt stundenlang am Klavier und arbeitest und wirst dann so gering bezahlt, warum machst du nicht andere Musik?“

Leicht gesagt!

Aber schau mal an, wie realistisch er schon damals war…. Alles, was er tat, sollte sich bereits lohnen. Daran dachte ich nicht in erster Linie. Lohnen musste es sich innerlich für mich und für die jeweilige Situation. Ich wollte mich jeden Moment einfach gut fühlen und zufrieden sein, egal was die Folgen waren.

Die Uraufführung von *Früher oder später* in Mannheim war auffallend erfolgreich, gewiss durch die gute Interpretation einer guten Klarinettistin. Sie machte mich stark. Wir haben dann sehr oft dieses Werk gespielt. Es hat viele Jahre meines Lebens begleitet und wurde mir später auch von anderen Duos präsentiert, die es alle gerne spielten. Es hat wohl etwas Musikalisches und Frisches…?

Geschrieben: 7.5.2003

1983
Anschlüsse

Brief an eine Musikstudentin, die in einer Aufnahmeprüfung die *Anschlüsse* spielte.

Liebe Silvia Stanzel, die Noten sind in wenigen Tagen gedruckt erhältlich. Darin wird auch ein Text sein. Zunächst bin ich immer dafür, dass alle, die *Anschlüsse* spielen, sich selbst das Werk analysieren. Gerne erzähle ich Ihnen, was mir darüber bewusst ist. Ich kann das aber nicht mit wenigen Worten tun, da ich nicht im üblichen Sinne ‚produziere' d.h. komponiere, sondern mehr oder weniger aus dem Unterbewusstsein heraus arbeite. Ich hatte eine Sammlung mit kurzen Phrasen (über mehrere Monate) die ich „Anfangschlüsse" nannte.

Das waren Muster, die als Anfang *und* als Schluss für mich galten und genau so auch als Phrase, wie sie gesammelt wurden. Beispiel: Die Anfangs- und Schlussphrase der *Anschlüsse*.

Diese versuchte ich dann *weiter* zu entwickeln durch hineinfühlen und hineinhören, wie es weitergehen kann. Der längere Teil nach dem h-moll des Anfangs ist dann richtig komponiert, gearbeitet, handwerklich in der Art, wie ich früher gelernt habe, Einfälle auszuarbeiten, also stilistisch: konservativ, sowohl rhythmisch wie auch motivisch. Dabei gibt es darin bestimmte Intervalle, die ich immer wieder verwende. Ebenso die raschen Figuren auf Seite 5–6 als Zweiunddreißigstelnoten. Der Anfangsteil in h-moll ist für sich nach demselben Prinzip entstanden und könnte noch weitergehen (ich habe später daraus ein Stück von sechs Minuten gemacht, *Courante*, das ich Ihnen dazulege, falls es Ihnen gefällt).

Damals hatte ich wenig Zeit und daher die Idee, jeden Abend wenigstens ein solches Muster zu finden, in mir zu suchen durch Amklaviersitzen und Herumspielen… meine jeweiligen Zustände umsetzen. Dieses h-Moll-Teilchen ist der rote Faden in den *Anschlüssen* als Formmittel für den Zusammenhang. Ich habe dann in dem langsamen Stück vor Schluss eine Melodie (h, b, g, fis, ihr innerer Titel ist „Trauer") nachdem sie horizontal erschien, vertikal gesetzt, das ist also immer so: die Töne als Linie, dann als Klang.

Sie finden das ganz schnell selbst heraus. Der Teil „kräftig" ist aus einer aggressiven Stimmung heraus! Die Idee: Abwechslung von Rhythmen mit einem gleichbleibenden Akkord durch dieses 3/8-Motiv, also

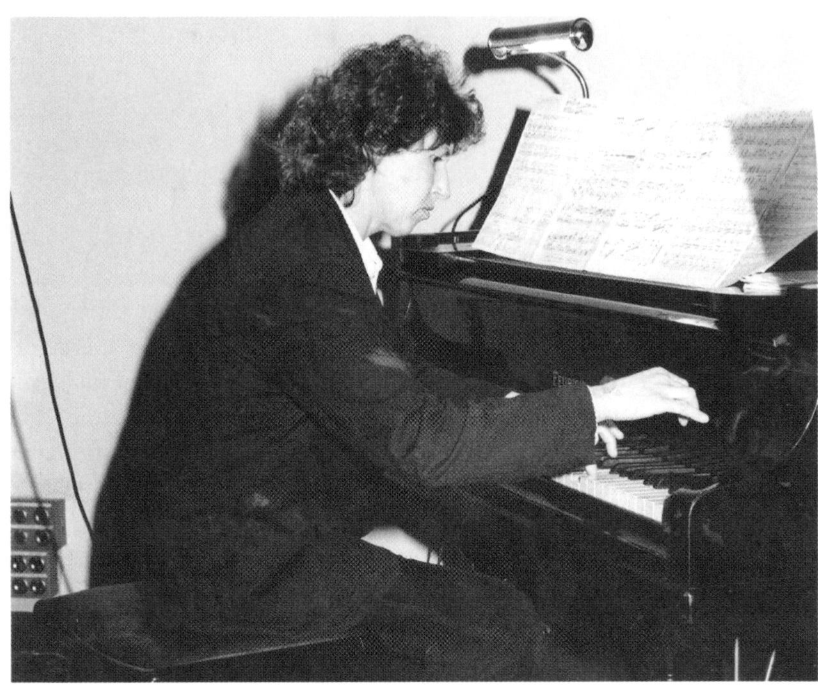

Uraufführung der *Anschlüsse*, Frankfurt 1983 (Foto: Petra Welzel)

„stehende Ereignisse“ abwechselnd mit in sich bewegenden Ereignissen. Ist diese Kompositionsweise weniger traditionell? Ich habe es mir so ausgedacht, aber das machen andere sicherlich auch. Mein Prinzip war immer: das strukturelle Modell ein ganzes Stück lang „durchzuziehen“.

Die Ausgabe der *Anschlüsse* als Ganzes habe ich dann in dieser Form zusammengesetzt aus den einzelnen Musterteilen, die ursprünglich, als sie entstanden nichts miteinander zu tun hatten. Ich habe sie intuitiv zusammengeführt und überlasse es den Spielern, wenn sie eine andere Reihenfolge zusammensetzen möchten. So hat z.B. ein Pianist als Ende einmal diesen lauten groben Anfangsteil genommen, weil er bombastisch enden wollte.

Nun ja, wie SIE wollen.

Einordnen kann ich mich nicht selbst. Stilmittel versuchte ich zu vermeiden, weil ich auf der Suche nach eigener Struktur war. Deshalb auch keine „bewusst“ eingesetzte Kompositionstechnik. Zu dieser Zeit war mir auch wichtig, dass es gleichgültig ist, wo etwas beginnt oder endet.

Geschrieben: 2004

Verschiedene alte Notizen und Entwürfe
Die Wahrheit über *Anschlüsse*

Eines Tages brachte mir die Post ein Buch: *Frauen komponieren Klaviermusik*, herausgegeben von Dr. Eva Rieger und Käthe Walter aus Berlin im Schott Verlag. Darin fand ich zum ersten Mal in meinem Leben Musik von mir gedruckt! *Piano Muziek voor Anje*, ein kurzes Klavierstück. Das war ein starker Eindruck, denn ich kannte bisher nur meine handgeschriebenen Partituren. Diese Klaviermusik war auf Bestellung der Pianistin und Pädagogin Liana Serbescu in Amsterdam entstanden, deren Schüler meine *Toccatina* in ihrem Unterricht gespielt hatten und sich mehr Musik von mir wünschten. Aber im Stil der *Toccatina* von 1963 hätte ich jetzt, 1980, nicht mehr schreiben können. Ich versuchte ähnlich bravourös und mit spieltechnischen Figuren zu komponieren, aber es kam eine ganz andere Musik dabei heraus. Das Tonmaterial war den Entwürfen zu „Klavierfiguren" entnommen, mit denen eine Klavierschule geplant war.

Als ich nun *Piano Muziek* gedruckt sah, war ich begeistert und gleichzeitig enttäuscht, dass ich nur so eine kurze Musik komponiert hatte. In der Druckausgabe entdeckte ich noch viele Möglichkeiten und verlängerte das Stück zunächst für mich selbst. Ich entwarf Melodien für die rechte Hand, deren Tonhöhen so gewählt waren, dass sie, nachdem die Melodie gespielt war, auch zusammen angeschlagen werden konnten und als Akkord oder Harmonieträger meiner Hörvorstellung entsprachen.

So wurde daraus *Freude und Trauer*. Das schickte ich an die rumänische Pianistin Liana Serbescu, die es 1985 in Bonn uraufgeführt hat.

In dieser Zeit war der Wunsch, Komponistin zu werden, sehr stark. Auf Einladung von Milko Kelemen, der mich als Schülerin hätte haben wollen, ging ich damals nach Stuttgart. Nach einem längeren Gespräch empfahl er mir an der Hochschule eine Aufnahmeprüfung zu machen. Nach bestandener Aufnahmeprüfung teilte er mir mit, dass ein Studium nicht möglich sei, da die Hochschule nur Studierende bis zum 40 Lebensjahr annimmt. Er hätte erst jetzt in meinen Bewerbungsunterlagen gesehen, dass ich ein Jahr älter sei. Nach Allem erzählte ich Eva Rieger davon, und dass Herr Kelemen bei unserem Gespräch gesagt hatte, dass Frauen kleine Stücke aneinanderreihen würden. Stattdessen sollten sie einen großen Entwurf machen, und danach erst die Kleinigkeiten ausführen. Er brachte das Bild von einem Mann, der vom Mond zurückkehrt und

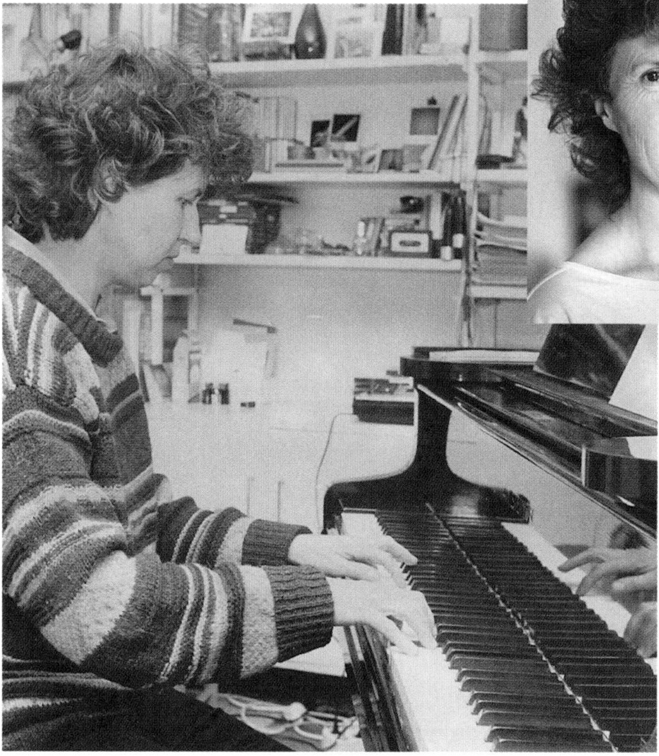

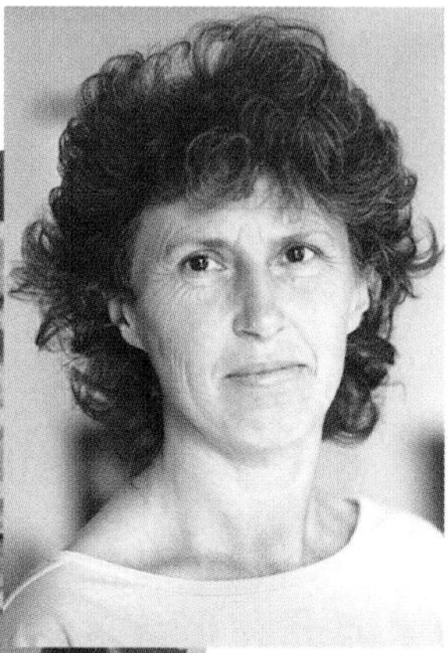

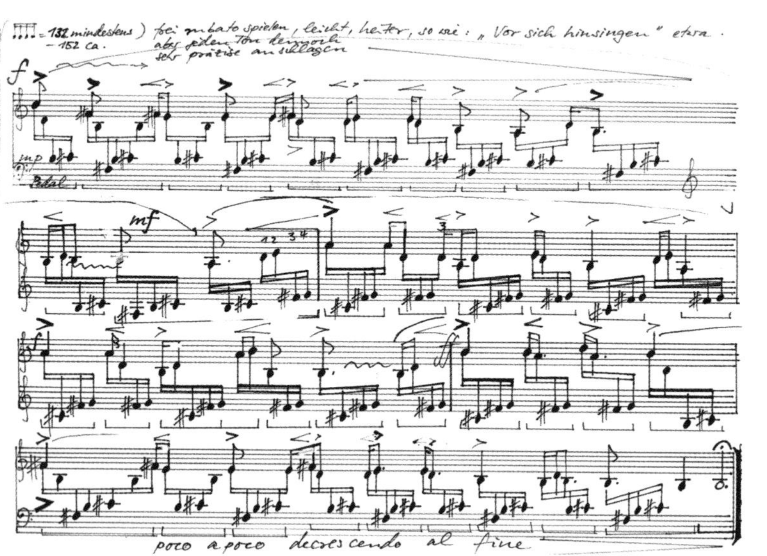
= 132 mindestens – 152 ca.
frei rubato spielen, leicht, heiter, so wie: „Vor sich hinsingen" etwa.
aber jeden Ton dennoch sehr präzise anschlagen
f
mp
Pedal
mf
f
poco a poco decrescendo al fine

auf der Erde landet, die Erde zunächst als großen Ball sieht, dann die Berge, Täler und Meere dann eine Landschaft anzielt, dann die Städte, dann Häuser dann das Fenster und am Ende den Tisch mit dem Teller und so weiter. Vorher jedoch, wenn er die Erde noch als Kugel sieht, ist das ja alles schon in dieser Erde vorhanden und wird nur noch durch das Näherkommen aufgeblättert. Ich antwortete ihm damals, dass es auch umgekehrt ginge: Ein Kind kommt auf die Welt, weiß nichts und erwirbt sich alles nacheinander über all die vielen einzelnen Erfahrungen und aus ihm wird am Ende ein vollkommener Mensch. Jedenfalls antwortete mir Eva Rieger damals: „wetten, dass Frauen auch aus kleinen Stücken gute große Kompositionen machen können? Barbara beweis es ihm doch!"

Nun, ich ging nachhause und komponierte den Anfang der *Anschlüsse*, den h-moll-Teil. Es ist am Klavier entstanden, als ich mir vorstellte, ich sitze im Zug und fahre zu Eva Rieger. Ich fragte mich, wie der Zug klingt, dieses permanente Zuggeräusch, die Rhythmen die beim Zugfahren zu hören sind, und die Vorfreude auf den Besuch bei ihr. So wurde daraus ein neues Klavierstück

Text für einen Vortrag, 1. Mai 1996:
Angeregt durch eine Diskussion über Anfänge und Schlüsse in der Musik untersuchte ich meine alten Kompositionen nach Anfang und Ende. Alles hatte immer von unten angefangen! Und meistens mit Auftakt...

Ich entwarf kurze Floskeln, sogenannte „Anfangschlüsse", von denen ich einen vor das h-moll-Stückchen setzte und auch zwei oder drei dahinter als Verbindung zu dem Titel „Freude", der so endet, dass dahinter direkt *Piano Muziek voor Anje* passte. Weiterhin verwendete ich das h-moll-Stück als Formelement ähnlich der Rondoform und baute alles zusammen: fertig waren die *Anschlüsse*.

Neu dazu war ein aggressiver Teil gekommen, der eigentlich als Duo für Klarinette und Klavier (*Früher oder später*) entworfen war: die Akkorde im Klavier, die Achtelfiguren in der Klarinette. Ich nahm das Motiv heraus und setzte es als Teilstück in die *Anschlüsse*. Das ist – glaube ich – alles.

Siegfried Gerth in Mannheim, damals Kulturreferent der Stadt, wollte uns in der Gruppe „Mannheimer Komponisten" zusammen mit Hans Vogt, Wolfgang Hofmann, Helmut Vogel, Wolfgang Ludewig, Peter Michael Braun, Violeta Dinescu und mir mit dem Ziel fördern, eine Schallplatte mit Mannheimer Komponisten zu machen. Damals war ich zwei oder drei Mal in Mannheim, aber die Gruppe zerfiel leider wieder. Siegfried Gerth, der auch diese Diskussion über Anfänge und Schlüsse in der Musik führte, war ein kreativer Mann und ebenfalls Pianist. Ich bekam eine Einladung zu seinem Konzert und sandte ihm völlig arglos spontan die frische Partitur der *Anschlüsse* mit einem Dankesgruß für seine Idee mit den Anfängen und Schüssen, die mich inspiriert hatte. Es gefiel ihm, er studierte es rasch in vier Tagen und spielte im Konzert die Uraufführung. Zum Vergleich brachte er sogar noch die *Toccatina*, weil sie 1963 meine erste und letzte Klavierkomposition war, und nun fast zwanzig Jahre später, 1983, *Anschlüsse* meine erste Komposition (wieder) für Klavier war. Das hat mir gut gefallen. Aus heutiger Sicht (1. Mai 1996) sehe ich im Erfolg meiner Arbeit schlichtweg die Reaktion auf Bestätigung und auf Unterstützung. Eigentlich habe ich immer nur Anstöße durch Menschen gebraucht, die meine Musik mit ihrem Interesse daran schätzten und förderten. Das spornte an, logisch! Es steckt aber noch viel mehr in den *Anschlüssen*: die vielen Stunden der Einsamkeit, der Suche, wie es weitergeht, wie der nächste Ton lauten könnte... Ich erinnere mich gut, wie oft ich es hinwerfen wollte, wie oft ich die Malerin Franca Weiss anrief und sie dann sagte, ich solle weitermachen, nochmal probieren!

Ich erinnere mich auch daran, dass die Figur zu Beginn vom Teil „Freude" aus Freude entstand. Ich war im Hof und es kam Besuch um die Ecke, hob mich hoch und schwenkte mich herum. Ich lachte und freute mich sehr, ging ins Zimmer und schrieb diese 3 aufwärtsstrebenden Figuren nieder. Ich erinnere mich ebenso, dass ich damals Lucie Roberts *Sonatine* für Konzerte mit Klaviermusik von Frauen übte, und dass mir daran die einfache kompositorische Idee gefallen hatte, nur einstimmig zu schreiben. So entstand der 6/8-Teil eigentlich aus der *Sonatine* von Lucie Robert heraus, sozusagen abgeguckt. Das Leichte, das Lebendige und das Heitere an ihrer Musik hatte mir immer schon gefallen. Ich lernte sie 1960 bei dem Mannheimer Komponistinnenwettbewerb kennen, bei dem ich auch Jacqueline Fontyns Musik hörte, die mich stark berührt hat. Das sind wichtige Dinge. Ich habe das Gefühl, dass ich alles ‚von anderen' bekommen und nicht selber gemacht habe. Höchstens dann auf meine Art zusammengesetzt...

Ansagetext: Aus einem Gesprächskonzert an der Universität Siegen, in dem ich selbst meine Klavierkompositionen spielte

Bei einer Diskussion über Kompositionsmethoden habe ich einmal aus Spaß gewettet: „Ich mache ein Stück aus lauter Anfängen!" Etwa ein Jahr lang habe ich Anfänge und Schlüsse gesammelt, habe kurze Motive notiert und versucht, solche zu finden, die sowohl Anfang als auch Schluss sein konnten, wollte ich doch beweisen, dass ein Anfang eigentlich dasselbe ist wie ein Schluss, nur zu einer anderen Zeit. All diese vielen Anfangs-Schluss-Motive habe ich dann in spielerischer Form zusammengesetzt.

Der Titel *Anschlüsse* ist insofern doppeldeutig, als die Reihenfolge all dieser Anfänge oder Schlüsse verschieden sein kann. Das bietet freie Anschlussmöglichkeiten mit den einzelnen Teilen je nach der Stimmung, in der ich gerade bin.

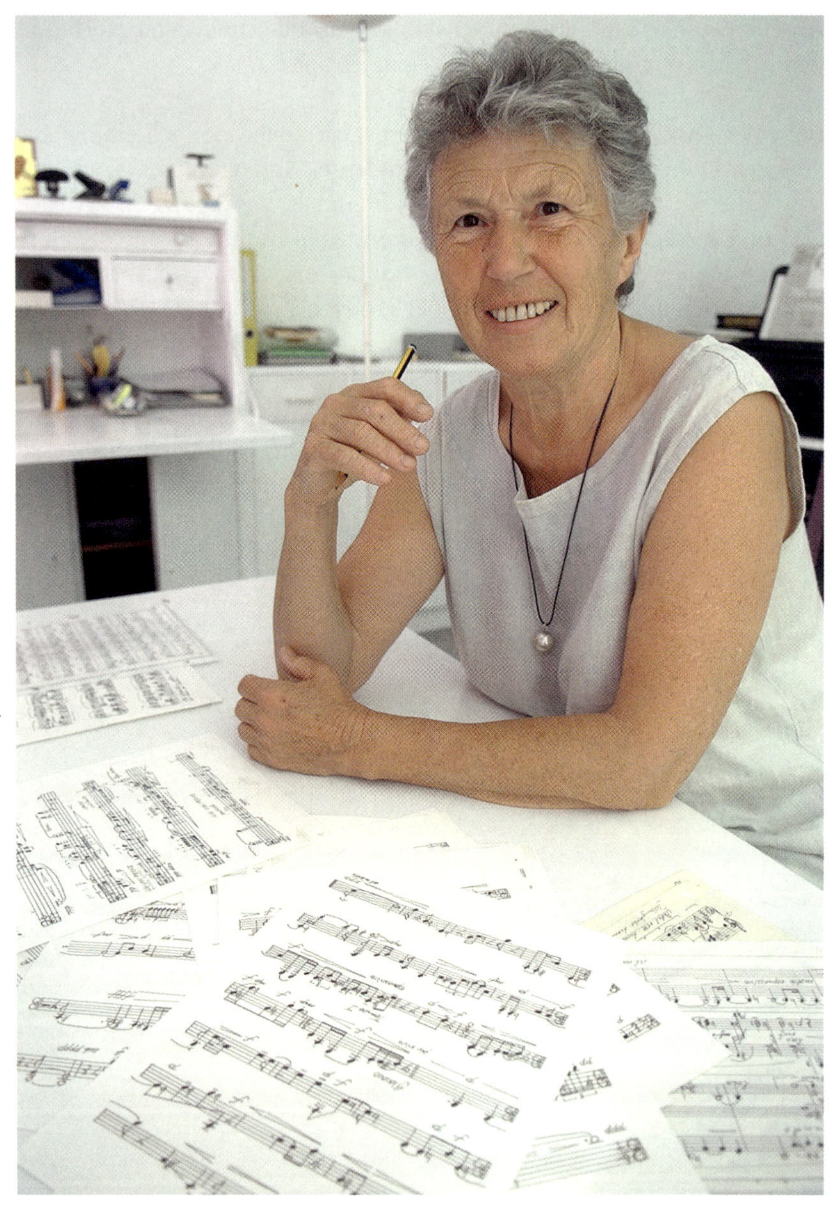

Pressefoto: Jockel

1982/87
Solovioline / Nah oder fern

Solovioline / Nah oder fern hat eine lange und konfuse Geschichte: Ich war mit der Violinsonate der englischen Komponistin Dame Ethel Smyth in Berlin und besuchte die Geigerin Marianne Boettcher, um ihr die Sonate zu zeigen und sie zu fragen, ob sie im Duo mit mir die Sonate in Konzerten erstaufführen und auch eine Schallplattenaufnahme einspielen würde. Die Verträge mit JPC in Bielefeld hatte Elke Mascha Blankenburg als Gründerin und erster Vorstand des „Internationalen Arbeitskreis Frau und Musik e.V." gemacht, ebenso wie auch für die Einspielung aller Alma Mahler-Lieder und einiger Lieder von Fanny Hensel Mendelssohn, die ich in der Oetker-Halle auf einem großen Bösendorfer Flügel einspielen durfte.

Leider lehnte die damals schon sehr bekannte Geigerin ab und sagte: „schreib mir doch ein Stück Barbara." Daraufhin skizzierte ich noch in Berlin – als sie mir noch nahe war – einen Entwurf und arbeitete später, zurück in Darmstadt, daran weiter – wo sie mir wieder fern wurde. Der Einfall zum Beginn des Stücks von ‚naher' Musik im Vordergrund und ‚ferner' Musik im Hintergrund – wie hinter einem Vorhang – kommt daher.

Dann vergaß ich alles und besuchte die Internationalen Ferienkurse für Neue Musik in Darmstadt, lernte eine spanische Gruppe junger Komponisten kennen (darunter Marissa Manchado und Pedro Guajardo aus Madrid), die mir von einer Kompositionstechnik mit Intervallreihen erzählten. Ich hörte ein Streichquartett in dieser Technik von Guajardo und war begeistert. Im August bis September 1982 saß ich dann einen Monat lang am Schreibtisch einer Freundin, die mir ihr Zimmer in einer Architekten-WG überließ und übte mich in dieser Technik – es war in der Tat mehr Übung als Musik. Folglich legte ich die entstanden Blätter als unfertiges Experiment wieder ins Regal. In einem Brief erfuhr ich, dass Antonio Balmisa, ein junger spanischer Dichter und enger Freund von Pedro Guajardo, bei einer Reise der beiden Freunde plötzlich im Nil ertrunken war. Sofort holte ich die Blätter aus dem Regal und widmete

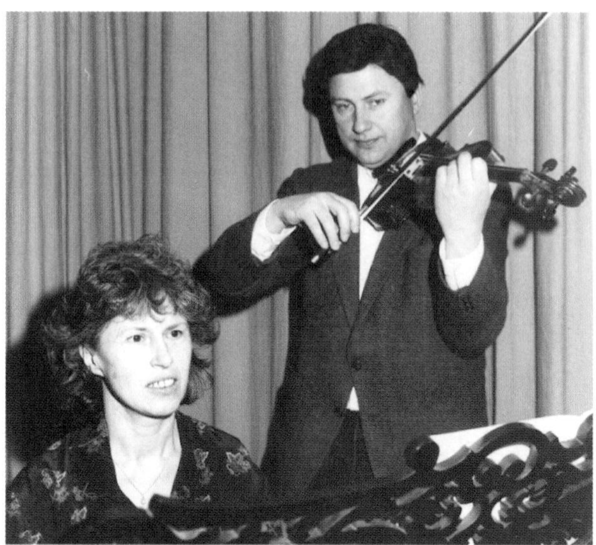

Das Darmstädter Duo, Konstantin Gockel (Violine)

sie dem Andenken an Antonio Balmisa für ein Konzert, das in Madrid ihm zu Ehren veranstaltet wurde.

Danach vergaß ich wieder alles, bis 1986 der Geiger Konstantin Gockel, mit dem ich seit 1985 als Pianistin im „Darmstädter Duo“ konzertierte, die Blätter an sich nahm und mir nach Monaten eine Aufnahme mit einer Einspielung schickte. Ich hörte damit zum ersten Mal die Musik aus dieser Zeit um 1982 und war ergriffen. Ich fand sie interessant, überarbeitete einige Details und bot sie dem Moeck Verlag zum Druck an, wo sie von 1989 bis zur Übernahme von Schott Music publiziert wurde. Dann lernte ich Almut Steinhausen kennen, die damals Bratscherin im Darmstädter Staatsorchester war. Da sie fand, das Solo klinge besser auf der Bratsche, schrieb ich es für sie um und nannte die Violafassung *Nah oder fern*. Almut Steinhausen spielte 1982 auf dem Heiligenberg in Seeheim-Jugenheim die Uraufführung. Und dazu gibt es auch eine besondere Geschichte:

Sie studierte damals ein berühmtes Solowerk von Bernd Alois Zimmermann ein und wohnte noch in einer WG. Deshalb fand ihr Bratschenunterricht in meiner Wohnung statt. Ihr Lehrer war Bruno Giuranna, der berühmte Bratscher und Sohn der italienischen Komponistin Barbara Giuranna (1899–1998), mit der ich im Zusammenhang mit meiner Forschung über Musik von Komponistinnen im Briefwechsel stand. Sie schickte mir ihre Toccata, die ich im Rundfunk und in Konzerten spie-

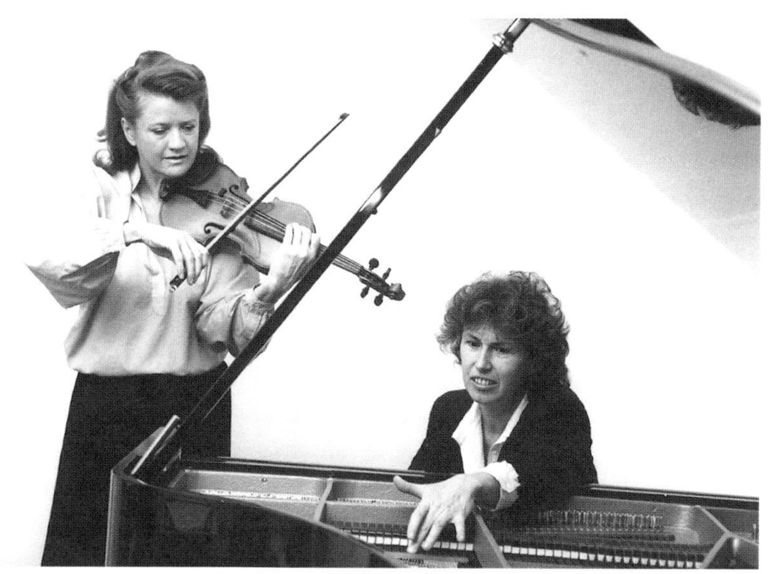

Tailleferre-Duo mit Helga Wähdel (Violine), *Tagebuchblätter für Violine und Klavier.*

len wollte. Es hat mich fasziniert, wie eine Komposition von mir über viele Geschichten an die Öffentlichkeit gelangt und welche Geschichten sie auch durch ihre Existenz selbst produziert. *Solovioline* war an einem fremden Schreibtisch entstanden, wurde zufällig in meiner eigenen Wohnung von einer Bratscherin gespielt und unterrichtet von dem Sohn einer Komponistin, die ich hoch verehrte. Es fasziniert mich, wie die Verbindungen einiger Menschen mit mir manches Mal in einem Musiktitel zusammenlaufen.

Nah oder fern ist mit dem Tonmaterial einer Intervallreihe gearbeitet: große Sexte, kleine Sekunde, Quarte, große Sekunde, Tritonus. Es ist eine der seltenen Kompositionen, die ausschließlich am Schreibtisch entstanden sind. Ein Klavier gab es nicht. Ich weiß noch gut, dass ich mir auf einem sehr großen Bogen Papier mit einer Schablone auch die Notenlinien selbst gezogen habe. Dieser große Tisch war wichtig, weil ich mich dort unheimlich gut konzentrieren konnte. Es gab sonst nichts zu tun. Der Mittagstisch war für die ganze Wohngemeinschaft organisiert, so brauchte ich weder einkaufen, noch kochen, noch spülen – ein echter Arbeitsmonat.

Im Verlauf der Zeit hatte ich ganz vergessen, dass ich ursprünglich auf Anregung von Marianne Boettcher mit der Komposition begonnen hatte und schickte ihr die Noten von *Solovioline* erst im Mai 1990. Sie hat es dann sehr oft und innig gespielt. Der Titel „Solovioline“ war in meiner Fantasie als „einsame Violine“ gedacht.

Geschrieben: 1996

Vor einigen Wochen lernte ich bei den Aufnahmen meiner Streichquartette im Hessischen Rundfunk die Bratscherin Inge Wolf kennen und hörte, dass sie u.a. auch bei Bruno Giuranna studiert hatte! Leider war der Termin zu knapp für eine Aufnahme von *Nah oder fern* mit ihr. Ich hätte mir gewünscht, dass es noch mit auf die neue CD „Herbstmusik“ (Wergo 5123-2) kommen würde.

Geschrieben: 8.8.2016

Entwurf für Konzertprogramm

Solovioline ist auf Wunsch der Berliner Geigerin Marianne Boettcher komponiert. Musikalisch inspiriert wurde ich dazu 1982 auf den internationalen Darmstädter Ferienkursen für Neue Musik durch ein Streichquartett des spanischen Komponisten Pedro Guajardo. Ich habe dessen Kompositionsprinzip einer Reihentechnik verwendet, bei der das Tonmaterial von einer Intervallreihe abgeleitet ist.

Damals habe ich an mehreren Kompositionen für Soloinstrumente gearbeitet und hatte eine Vorstellung von der Existenz einer ewig fließenden Melodie, von der ich durch intensives Hineinhören einzelne Ausschnitte notieren wollte, da eine Komposition ja leider zeitlich begrenzt sein muss. Ich erforschte die feinen Spannungsverhältnisse und den inneren Atem dieser Melodie. Ich hatte das Bild eines Flusses vor Augen, dessen Wasserverlauf ich nur dann sehen kann, wenn ich an irgendeiner Stelle genau hinschaue, obwohl der Fluss ja immerfort überall ist und unendlich fließt, auch wenn ich ihn nur an einer Stelle betrachte. *Solovioline* ist dem Gedächtnis an den jungen spanischen Dichter Antonio Balmisa gewidmet.

UA: 1.11.1987 Internationales Komponistinnenfestival Unna, Konstantin Gockel, Violine.

Geschrieben: 19.5.1996

1984

Currants – Johannisbeeren

Ein Sommertagebuch für Klavier

Jeden Abend ein leeres Notenblatt mit Musik füllen. Nach diesem Konzept arbeitete ich im Sommer 1984 und wollte damit ein „Klingendes Tagebuch“ am Klavier anlegen, die täglichen Erlebnisse musikalisch umsetzen, statt sie in Worten festzuhalten. *Currants* – deutsch: Johannisbeeren – wurde so zu einem persönlichen Tagebuch, das in kurzen Einzeltiteln von meinem damaligen Innenleben erzählt.

Die schönste konzertante Aufführung gab es in Heidelberg: Die junge russische Pianistin Olga Balakleets spielte das komplette Tagebuch auswendig mit Herz und mit Klang und sehr sehr gut. Als ich in die Garderobe ging um ihr zu danken, war sie bereits umgezogen, zeigte auf ihre Mutter und sagte, sie habe leider keine Zeit: „Wir reisen sofort ab, ich habe morgen einen Scarlatti-Klavierabend in Schwetzingen im Schloss.“ Domenico Scarlatti war lange mein Lieblingskomponist. Zehn Jahre lang habe ich aus seinen Sonaten jeden Monat einige gespielt, während Roger George, ein Schüler von Harald Kreuzberg, mit solistischem Ausdruckstanz die Menschen im Publikum begeisterte. Wir sind in vielen Theatern Deutschlands zusammen aufgetreten und ich verdiente mir damit Studium und Lebensunterhalt.

Zurück zum Sommertagebuch, das als autographe Ausgabe bei Furore publiziert worden ist: Ich selber habe daraus ein kleines Büchlein gemacht und innerlich die Beziehung zu der Dichterin Karoline von Günderode gesucht. Ihr sehr schönes Gedicht „Die Töne“ hatte mich angesprochen und ich empfand eine Art von Seelenverwandtschaft mit ihr. Damals war die Zeit der Entdeckung und Veröffentlichung der Literatur von Frauen! Im Rowohlt Verlag gab es bei rororo die „Reihe Frau“ mit vielen Biographien von Dichterinnen. Daher kam auch die Einladung von rororo, zusammen mit der Journalistin Erika Kipp aus Bonn ein Buch über Frauen ab 40 zu schreiben. Wir wählten die Briefform. Eine erste elektrische Schreibmaschine ermöglichte mir, täglich ca. 6 Stunden nur zu schreiben, alles was sich da angesammelt hatte, und Erika antwortete darauf. Leider wusste ich nicht, dass sie eher journalistisch wirksam schrieb und weniger privat in ehrlicher, offener Sprache, wie ich es tat. Unser Buch wurde vom Verlag abgelehnt. Das ist sehr bedauerlich, es wäre heutzutage total interessant, weil es von dieser besonderen Zeit für uns Frauen berichtet, in der wir uns emanzipieren konnten ohne angefeindet zu werden.

Das Sommertagebuch *Currants – Johannisbeeren* hat im Titel ein Wortspiel. *Currants* ist die englische Übersetzung von Johannisbeeren und darin versteckt sich der Name des Freundes Alvin Curran und daher rührt auch die „Courante" in der Sammlung. Alvin liebte die roten Johannisbeeren aus meinem damaligen Garten zu seinem Körnerfrühstück am Morgen. Durch die Arbeit an der Dokumentation des Nachlasses von Hermann Heiß habe ich aus erster Quelle erfahren, dass oftmals besondere Liebesgeschichten im Zusammenhang mit einer Komposition entstehen. Im Falle Hermann Heiß' waren es teils sehr tragische Geschichten. Bei mir waren es im Grunde auch quasi herzzerreißende Erlebnisse, da ich alleine lebte, wohl auch alleine bleiben wollte und Menschen liebte, die räumlich weit entfernt lebten. Das macht Beziehungen sehr schwierig und oft unmöglich. Dies wiederum empfand ich als eine Art Dünger für das Komponieren. Es spornte ungeheuer an und ich habe jenen Sommer jeden Abend eines der Tagebuchblätter auf die Post gebracht und nach Rom geschickt. Seinerzeit kam das Kopiergerät auf den Markt und eine Freundin arbeitete an der Universität, wo solche Geräte zur Verfügung standen. Sie machte mir die ersten kopierten Ausgaben meiner handschriftlichen Noten mit schön farbigen Plastikspiralen. Das gefiel mir damals schon sehr. Ich liebte den Umgang mit Papier, um kleine Bücher mit einem besonderen Umschlag und in besonderen Formaten herzustellen. Kopieren war sehr aufregend, nicht nur um jedes Mal die Hand abzulichten, sondern auch das Vergrößern von Schriftzeichen und anderen Zeichnungen. Plötzlich war da ein ganz neues Medium, mit dem sehr viele schöne Abbildungen entstanden. Und vor allem konnte ich meine Noten auf diese Art an andere verteilen und weitergeben, ohne sie nochmals abschreiben zu müssen. Es war kurze Zeit zuvor ebenso spannend gewesen, als die Tonbandkassetten aufkamen. Da machte ich das Tagebuch aus 365 Kassetten. Jeden Tag eine Aufnahme.

Geschrieben: 2003

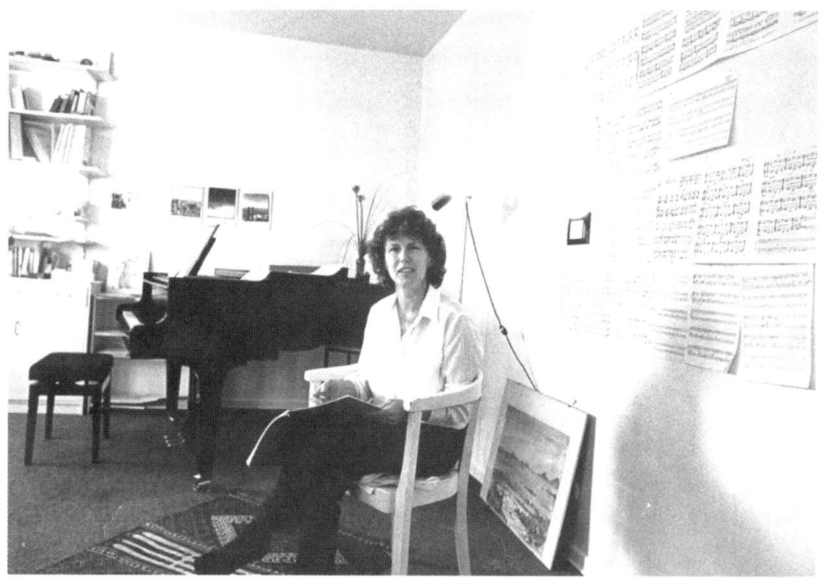

Foto: Pia Pfannmüller, 1990

Currants – Johannisbeeren, ein Sommertagebuch für Klavier

geschrieben 1996 als Brief an Sabine Wiedl Achilles, die das Werk bei Furore herausgegeben hat und Informationen für das booklet zur CD: „Scharlachrote Buchstaben“ mit der Pianistin Deborah Richards wünschte (Wergo 6610-2)

Liebe Sabine,
In dem *Sommertagebuch*, 1984, kommt so vieles zusammen:

Die Anregungen aus den Sommerferienkursen für Neue Musik in Darmstadt, meine jahrelangen Studien, Experimente und Entwürfe, Improvisationen am Klavier, und auch der Wunsch, wirklich die Ideen endlich einmal auszuarbeiten, dann der Auszug meines Sohnes Sebastian von Zuhause, erstmaliges Alleinleben nach fast zehn Jahren Familienleben, abends – statt zu weinen und zu trauern – Tagebuch auf musikalische Weise schreiben, mich versenken, in Musik vertiefen, mit mir über das Klavier kommunizieren, ein Konzept (wie ich es öfters im Leben hatte, z.B. 1978 das *Cassettentagebuch* oder 1994 *Kartenspiele*), jeden Tag ein Blatt an die Wand gepinnt, ein fertiges kurzes Stück, das genau alles vom Tag, und was mich an diesem Tag beschäftigte, beinhaltet.

So etwa Sabine...

Manchmal, wenn mir nichts einfiel, suchte ich in alten Blättern aus *Klavierspiele* von 1980. Monatelang hingen die Blätter an der Wand. Eigentlich war es Clarenz Barlow (Du kannst ihn ruhig zitieren!), der sie anschaute und etwa so appellierte: „Warum veröffentlichst du das nicht? Das ist etwas Originelles, Echtes, wähle einige Blätter aus und veröffentliche sie." Den genauen Wortlaut weiß ich nicht mehr. Das war der Sinn seiner Aussage. Im Tagebuch sind quasi Kerne, Keime, Konzentrate, aus denen ich später größere Stücke komponierte, z.B. wurde 1986 das Klavierstück „Schwebend" zum Ausgangsmaterial für die *Tagebuchblätter*. Durch die Schaffung eines äußeren Zwanges vertiefte ich mich, denn es entwickelte sich etwas Neues, seit ich das jeden Tag machte. Johannisbeeren wuchsen im Garten – ich pflücke sie morgens für das Frühstücksmüsli.

Dieses Sommertagebuch ist dem amerikanischen Komponisten Alvin Curran gewidmet, dessen Musik mich inspiriert, der auf gewisse Weise mein musikalisches Vorbild ist, ich habe ihn mir quasi zum Lehrer gewählt, indem ich seine Musik studiere und spiele. Später kam noch Morton Feldman dazu – also – mehr fällt mir jetzt nicht ein.

Sabine Wiedl-Achilles, Musikwissenschaftlerin, schrieb das Booklet für die CD „Scharlachrote Buchstaben", Wergo (WER 6610-2).

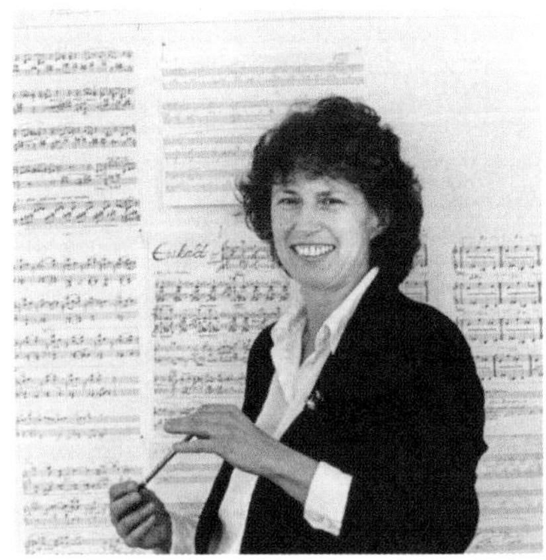

Foto: Pia Pfannmüller, 1990

1984
Scharlachrote Buchstaben, Klavierzyklus

1985
Tre lettere scarlattine für Cembalo

Der Titel des Werkes entstand über ein Wortspiel. Das italienische Wort „scarlattine“ bedeutet „scharlachrot“, „lettere“ kann mit „Brief“ oder „Buchstabe“ übersetzt werden. Eines Tages flatterte ein Brief des bekannten Cembalisten Franzpeter Goebels in mein Haus mit der Anfrage, ob ich bereit sei, einen kleinen Auftrag zum 300. Geburtstag von Domenico Scarlatti anzunehmen. Er gebe im Moeck Verlag einen Sammelband mit 10 Autoren heraus und hätte mich gerne dabei, da ihm in meiner Komposition *Anschlüsse* aufgefallen sei, dass meine Klaviermusik etwas ‚Scarlattihaftes‘ an sich habe. Tatsächlich hatte ich fast 10 Jahre lang Sonaten von Scarlatti zum Solotanz von Roger George auf Theaterbühnen in Deutschland und der Schweiz gespielt. Ich mochte das Heitere bis Schwerelose an dieser Klaviermusik sowie das Figurative und Strukturelle. Und am liebsten spielte ich seine Sonaten im 6/8-Takt.

Um mich selbst für eine Komposition zu inspirieren, entwarf ich fiktive Briefe an den Komponisten Domenico Scarlatti (1685–1757). Als Einleitung zur Klaviermusik wählte ich alle Buchstaben aus seinem Namen, die zugleich Tasten am Klavier sind. Damit stelle ich den Komponisten sozusagen mit seinem Namen vor: d-e-c-es-a. Glücklicherweise träumte ich dann auch von seinem Besuch bei mir. Daraus entfaltete sich der ruhige zweite Teil. Im weiteren Kompositionsprozess nutzte ich kompositorische Elemente des Komponisten wie nachschlagende Oktaven, 6/8-Takt und seine fast schon minimalistischen Formen. Auch setzte ich manchmal die beide Töne b und h dazu, um seinen Namen mit meinem Namen zu verbinden. Daher also eine Komposition aus 5 bis 7 Tönen.

Diese Klaviermusik nahm ich in fast jedes Programm der häufigen Klavierabende auf, die ich zwischen 1980 und 1989 in Deutschland gegeben habe. Ich spielte besonders gerne die Teile mit den repetitiven Abschnitten, die zu meiner damaligen Ausdrucksweise gehörten. Erstaunlicherweise war ich relativ häufig zu Portraitkonzerten eingeladen und sprach über die Entstehung der Kompositionen. Es war die Zeit, in der ich mit den Klavierabenden die Musik von Komponistinnen bekannt gemacht habe und damit gleichzeitig ein Podium für meine eigene Klaviermusik hatte. Mit der Gründung des „Internationalen Arbeitskreis Frau und Musik e.V.“ hatte ich begonnen, Noten zu suchen und zu finden,

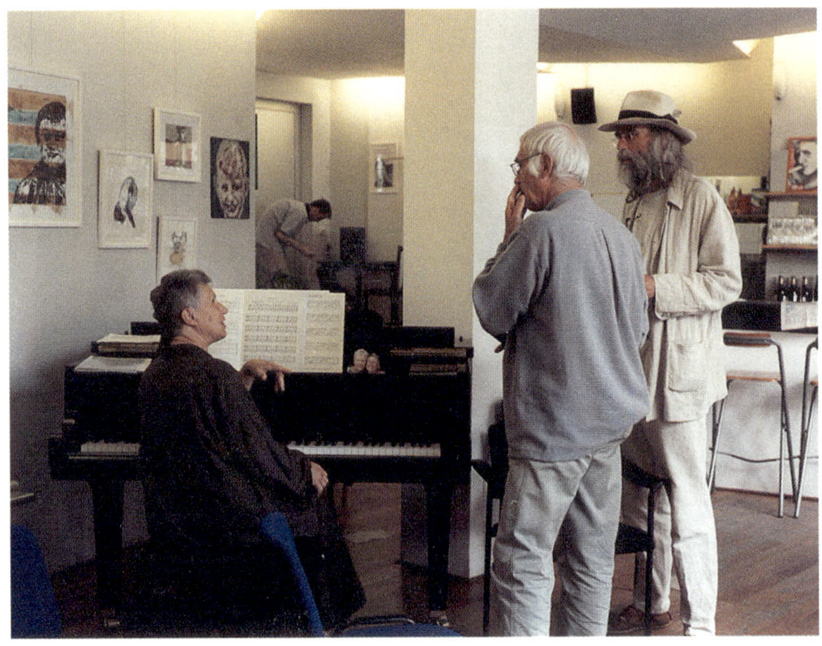

Barbara Heller, Frederic Vahle und Peter Greb, Konzert *Scharlachrote Buchstaben* in der denkbar, Frankfurt a.M., 10.05.2002

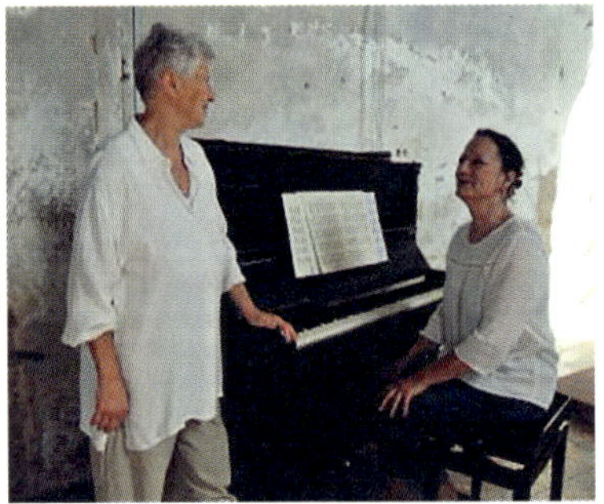

Die Pianistin Monika Thiery eröffnet eine „Konzertreihe Neue Musik" mit den *Scharlachroten Buchstaben* und *Furore – ein Traum*, Alte Dorfkirche Hausen, 30.7.2017 (Foto: Heinz Linduschka)

die inzwischen die Räume im „Archiv Frau und Musik“ in Frankfurt am Main füllen und öffentlich zugänglich sind. Also sollte die Musik auch zu hören sein! Fast niemand spielte Musik von Komponistinnen, denn fast niemand wusste davon. So nutzte ich diese Möglichkeit für eine zweite pianistische Phase nach fast 15 Jahren Pause und spezialisierte mich auf Programme alter und zeitgenössischer Klavier- und Kammermusik von internationalen Komponistinnen. Im vergangenen Jahrhundert war der öffentliche Rundfunk noch eine Säule für die Existenz von uns Musikern. Ich durfte meine Klaviermusik im Rundfunk einspielen. Anfangs im SWR Mainz – als geborene Pfälzerin –, dann in der Sendestelle Heidelberg und in Baden-Baden – als Baden-Württembergerin –, jetzt im HR – als in Hessen lebende Komponistin.

Diese Verbundenheit zum öffentlichen kulturellen Leben belebte meinen Wachstumsprozess. Die Konzerte mit gemischtem Programm von Komponistinnen organisierte ich allerdings jahrelang selbst über die Kontakte unter uns Frauen in der Frauenbewegung. Die Solidarität war groß. Wir vermittelten uns gegenseitig unsere Kontakte und zogen gemeinsam am Strang: raus aus der Ecke, die Einzige zu sein. Wir wollten ganz einfach kulturell mitwirken, dazugehören, anerkannt werden, statt als exotische Zootiere vorgeführt zu werden.

Mein Anspruch an das öffentliche Klavierspiel war sehr hoch. Ich selbst konnte ihm nie ganz genügen und hatte das Glück die amerikanische Pianistin Deborah Richards dafür zu gewinnen, meine Klaviermusik bei WERGO auf CD einzuspielen. Sie nahm auch *Anschlüsse*, *Currants*, *MMM*, *Das Quintenbuch*, *Intervalles* und *Un poco* in ihr Repertoire. So kam es in diesen Jahren zu mehreren Werkstattkonzerten mit ihr als Pianistin und mir als Informantin zu meinen Klavierkompositionen. Es war faszinierend mit ihr zu arbeiten, da sie als Berufspianistin mit ebenfalls hohem Anspruch an die Arbeit ging, während ich meine Kompositionen immer wieder anders gestaltete und die Noten nicht so ernst nahm, weil es sich ja um meine eigenen Noten handelte. Professionelles Pianistentum hatte ich ja nie erreicht. Ihr verdanke ich also das Bekanntwerden der besonderen Klavierstücke eines Jahrzehntes meines Lebens. Es hatte zu Folge, dass der russische Pianist Grigory Gruzman jahrelang seine Studierenden mit dieser Klaviermusik unterrichtete und führte zu Prüfungen, Vorspielen und Konzerten bis zur Einbindung in die Weimarer „Franz Liszt“-Wettbewerbe. An diesem Beispiel kann ich nachträglich sehen, wie wertvoll Kontakte im Musikberuf sind und wie wichtig es ist, seine Arbeiten zu zeigen. *Scharlachrote Buchstaben* zeigt einige der Kompositionsstile, die ich in den 80er Jahren praktiziert habe.

Tre lettere scarlattine – Drei scharlachrote Briefe – ein Wortspiel um Scarlatti als Cembaloversion mit eigenem Titel war der Einfall des Cembalisten Franzpeter Goebels, der mit dem gesamten Sammelband des Moeck Verlages „Scarlattiana" die Uraufführung am 5.9.1985 in Berlin mit Cembalo gespielt hat. Aus dem siebenteiligen Klavierzyklus *Scharlachrote Buchstaben* ließen sich nur drei Titel gut auf dem Cembalo spielen. So entstandenaus einer Kompositionen zwei Notenausgaben, die in der Zwischenzeit nach der Auflösung des Moeck Verlages von Schott Music übernommen worden sind.

Geschrieben: Oktober 2020

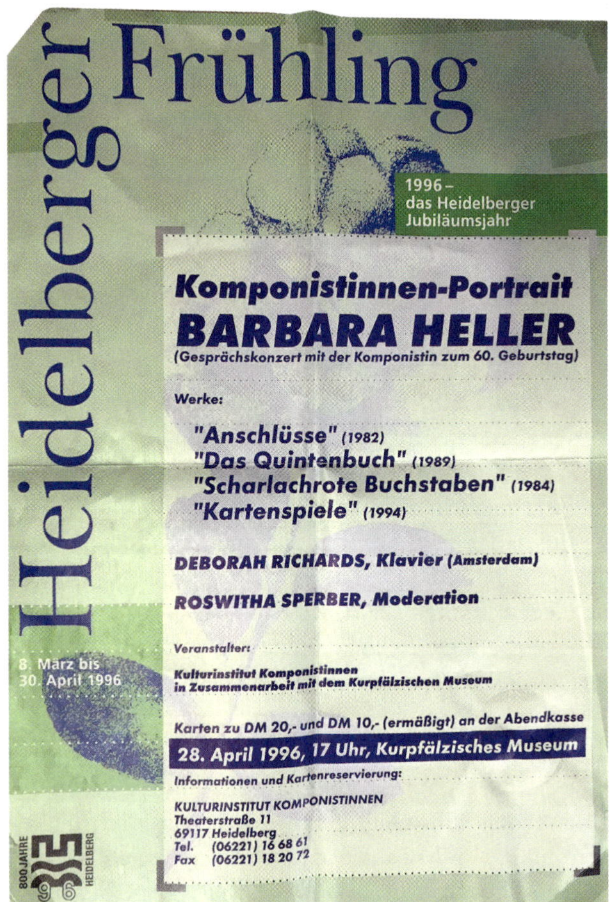

1985
Eins für Zwei

1985 war ich als Pianistin sehr aktiv und gründete spontan nach einem Konzert in Bonn zwei Duos für Klavier und Violine: zuerst das Tailleferre-Duo mit der Geigerin Helga Wähdel, auf die ich schon ein paar Jahre gewartet hatte. Nachdem sie mir in Bonn zusagte und das Duo *Eins für Zwei* spielte, kam Konstantin Gockel und wollte ebenfalls ein Duo mit mir gründen. Er war der Geiger des Kölner Clementi Trios mit Deborah Richards als Pianistin, das sich gerade auflöste. Ich fühlte mich geehrt und sagte dann beiden ehrlich, dass ich mich unsicher fühle, ob es sinnvoll wäre, in zwei Duos Klavier zu spielen. Es war jedoch gut so, denn mit Helga Wähdel spielte ich nur Kompositionen lebender Komponistinnen und der von uns entdeckten älteren Musik historischer Komponistinnen. Mit Konstantin Gockel spielte ich Neue Musik und auch Musik von Freunden und Kollegen. Die Sonate von Henry Cowell zum Beispiel oder das Duo von Alvin Curran waren lehrreiche Erlebnisse. Später spielte Helga dann auch Sonaten von Yardena Alotin, Germaine Tailleferre, Verdina Shlonsky, Dame Ethel Smyth oder Johanna Senfter mit mir. Es war eine übungsreiche Zeit. Dass wir die Israelin Yardena Alotin persönlich kennen lernen durften, war ein Gipfelereignis in München.

Barbara Brauckmann, die Cellistin und Lehrkraft an der Akademie für Tonkunst in Darmstadt, beauftragte mich mit einer Komposition für Violine und Cello für ihr damaliges Duo mit der Mainzer Geigerin Helga Wähdel, und ich antwortete: „Ja gerne, wenn ich mit dir ein bisschen experimentieren darf, da ich das Cello nicht so gut kenne.“ Nein, dafür habe sie keine Zeit – sie spielte damals auch viel in Berlin mit ihrem Kreuzberg-Quartett. Tja, nun wollte ich gerne den Auftrag annehmen und wusste nicht, was schreiben. Es waren gerade die Darmstädter Ferienkurse für Neue Musik, wo ich relativ viel Musik gehört hatte. So entstand *Eins für Zwei* in Erinnerung an die vielen Höreindrücke zeitgenössischer Kompositionen.

Die Einleitung wollte ich sehr zart mit Schwebetönen schreiben, war mir aber nicht klar, wie es zu notieren wäre. Ich hatte Sommerferien von den 40 KlavierschülerInnen, die meine Existenzgrundlage bildeten, und wollte eigentlich nach Rom zu Alvin Curran. Der Auftrag war allerdings erstmals bezahlt! So entschied ich: einen Monat für die Auftragskomposition, einen Monat für mein Privatleben. Es war also Juli und ich saß viel am Haus auf der Terrasse unter dem Kastanienbaum in der Sonne. Die Bienen und Hummeln summten an den weißen Blüten. Dieses Summen nahm ich als Einstieg. Der Titel kommt aus dem Material, das eigentlich für ein Soloinstrument bestimmt war. Das dieser Atmosphäre abgelauschte musikalische Grundmaterial habe ich auf beide Instrumente verteilt. Der formale Aufbau ist der Entwicklung einer Beziehung zwischen zwei Menschen nachempfunden. Nach dem kurzen Vorspiel entwickeln die beiden Streichinstrumente eine immer intensiver werdende Kommunikation. Das Duo kann auch in der Art einer kleinen Performance gespielt werden.

Ich weiß bis heute nicht, wie ich dieses Stück Musik fertiggebracht habe. Es kommt mir relativ gebastelt vor. Die Musiker spielen es gerne, es hat ziemlichen Erfolg. Die Edition von Furore gefällt mir nicht, ich finde die Noten zu klein und es sind auch viele Fehler darin. Ich erinnere mich noch, dass ich damit auch schon viel innerlichen Ärger hatte, als ich die Korrekturen las. Das liegt mir nicht. Ich fand meine handschriftliche Notation besser. Aber gedruckte Noten gelten mehr und kommen mehr in die Welt hinaus, also gab ich es dem Verlag. Ich fühlte mich ja auch geehrt, dass dieses Duo veröffentlicht wurde. Meine Notation war relativ offen, wenige Taktstriche, eher Zeit-Raum-Notation. Als wir die erste Probe hatten, gab es Schwierigkeiten im Zusammenspiel. Die zwei Musikerinnen haben dann ziemlich viel beigetragen zu einer klaren Notation der Rhythmik, der Dynamik, der Auf- und Abstriche und des Metrums, zur besseren Spielbarkeit.

Die Uraufführung in Bonn haben 1985 Barbara Brauckmann und Helga Wähdel gespielt. Barbara Brauckmann nahm es in ihr Repertoire mit der Geigerin Friedegund Riehm, einer Geigerin aus ihrem Quartett und gab es ihren Schülern für die Klassenvorspiele. Einige Male wurde das Duo in Berlin und auch in Darmstadt auf den Tagen für Neue Musik der Akademie für Tonkunst gespielt. Zuletzt hörte ich selbst das Duo 2004 mit Ulla Levens in Oldenburg. Jedes Mal, wenn ich es höre, kommt es mir kürzer vor. Ich habe auch etwas Besonderes mit dieser Musik erlebt und bin deshalb froh, es komponiert zu haben: 2003 bekam ich die Einladung des Cellisten Stephan Breith aus dem Symphonieorchester Wiesbaden und las auf dem Programm den Namen Rainer Sonne. Da reagierte mein

Gehirn direkt. Ich erinnerte mich an das Jahr 1962, als ich am Ostseebad Scharbeutz in Kur gewesen bin. Dort hatte ich im Strandkorb an der See ein Mädchen aus der Familie Sonne zur Spielkameradin, deren kleiner Bruder Rainer war. Das Ehepaar Sonne war sehr nett und mir wie Eltern. Damals hatte ich angeblich eine Magenschleimhautentzündung, aber tatsächlich waren es bereits Gallensteine, was ich erst 1968 nach der OP erfuhr. Später besuchte ich die Familie nochmals in Kassel und hörte, dass Rainer so toll Geige spiele. Die Eltern waren sehr stolz. Ich hatte damals keine Ahnung, dass die Stadt Kassel mit dem 1988 gegründeten Furore Verlag einmal eine wichtige Station für mich werden könnte, und dass Rainer Sonne, ohne an die besonderen Kinderferien mit mir zu denken, mein Duo spielen würde.

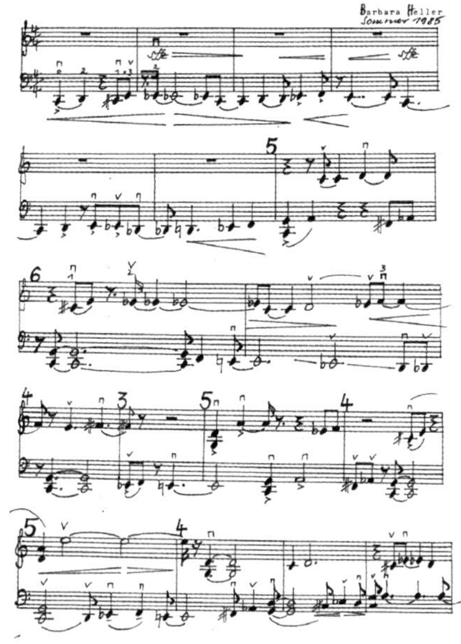

Das gefällt mir an meinem Leben: diese besonderen Situationen, die ich durch meine Kompositionen erlebe. *Eins für Zwei* wurde 1996 auch zu meinem 60. Geburtstag ganz besonders schön gespielt. Davon gibt es einen Mitschnitt. Die Brüder Ingo und Carsten de Haas aus Darmstadt spielten es sehr innig und professionell. *Eins für Zwei* wurde auch in München, Stuttgart, Frankfurt, Kassel, Erfurt, und Bern von Musikern gespielt, die ich gar nicht kenne. Wo und wie und wann eine Komposition von mir erklingt, erfahre ich selten, leider… gerne würde ich es wissen. Die gelegentlichen Mitteilungen zeigen mir, dass sie ihren Weg macht. Aber was hat das mit mir zu tun?

Eins für Zwei wurde am 19.9.1985 im Frauenmuseum Bonn uraufgeführt. Seit 2016 gibt es die Musik sogar auf einer CD bei Wergo. Nach einem Werktitel nennt sich die ganze CD „Herbstmusik". Das Duo *Eins für Zwei* ist darauf sehr fein, innig und ideal im Zeitverlauf von der Geigerin und dem Cellisten des Verdi-Quartetts eingespielt.

Geschrieben: 2005–2012

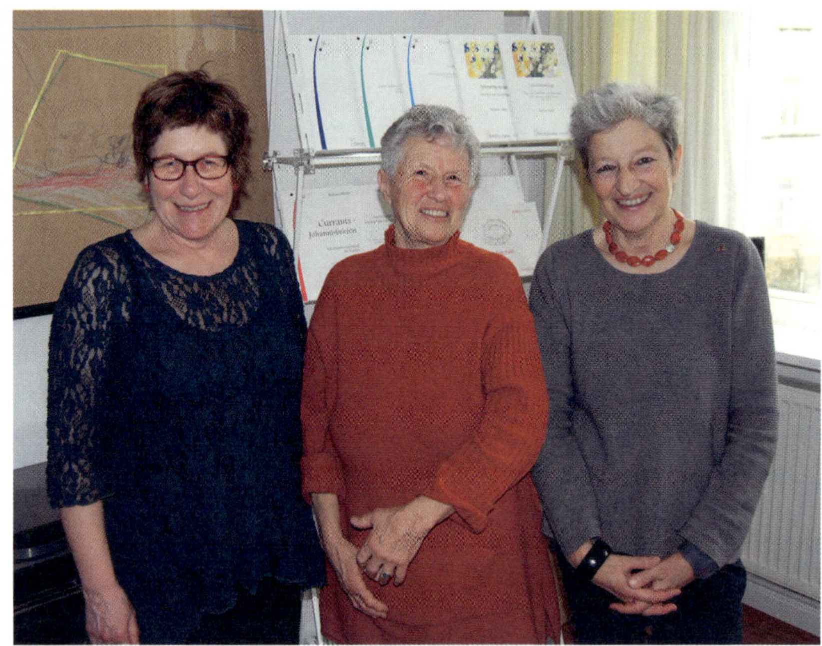

Empfang am 19. März 2017 im Furore Verlag, anlässlich der Kasseler Premiere des Films „Unterwegs in der Musik – Die Komponistin Barbara Heller“. V.l.: Lilo Mangelsdorff, Barbara Heller und Renate Matthei. (Foto: Furore Verlag)

1986
Furore – ein Traum

Furore – ein Traum entstand anlässlich der Gründung des Musikverlages Furore von Renate Matthei in Kassel, wodurch sich ein von mir lange gehegter Traum zu erfüllen begann: Dieser Verlag hat es sich zur Aufgabe gemacht, die Musik komponierender Frauen der Vergangenheit und Gegenwart zu veröffentlichen. Damit wurde ein Weg eröffnet, der den Komponistinnen eine Teilnahme am allgemeinen öffentlichen Musikleben und eine Präsenz ermöglichte, die ihnen jahrhundertelang verwehrt gewesen war.

1986 komponierte ich für einen Solotänzer und eine Performancekünstlerin, die beide für ihre Bewegungsabläufe in der Musik viel Spielraum brauchten. So entwickelte ich kleine musikalische Einheiten, die beliebig aneinandergereiht werden können, die verkleiner- und vergrößerbar sind und sich vielseitig ineinander verschachteln lassen. Für den Messestand des Furore Verlags entwarf ich ebenfalls ein Signet nach dieser Methode. Aus diesem Signet komponierte ich dann kurze Zeit später das Vorspiel für das Klavierstück *Furore – ein Traum*. Die Saiten im Flügel werden mit Leucoplast präpariert, sodass ein zarter, spinettartiger, perkussiver Klang entsteht. Aufgrund meiner besonderen Arbeitsweise 1986 gibt es in dem gesamten Zyklus verschiedene Möglichkeiten der Interpretation, für die sich jeweils die Ausführenden entscheiden und damit sozusagen diese Musik zu ihrem persönlichen Klavierstück machen. Die russische Pianistin Margit Zimmerman hat diese Musik fast noch schöner gespielt als ich es mir vorgestellt hatte und als ich es selber hätte spielen können. Glücklicherweise gibt es davon eine CD-Einspielung im Furore Verlag auf der CD „La Palmera“ (Salto Records International 1997 /SAL 2002).

Geschrieben: Juni 1990

Furore – ein Traum

Furore – ein Traum ist ein teilpräpariertes, poetisches bis brillantes Klavierstück. Es entstand 1986 anlässlich der Gründung des Furore Verlags in Kassel und ist dem Verlag sowie seiner Gründerin Renate Matthei gewidmet. Dieser Verlag hat sich zur Aufgabe gesetzt, Musik von Komponistinnen aus der Vergangenheit und Gegenwart zu publizieren. Damit ging für mich ein lang gehegter Wunschtraum in Erfüllung: die Veröffentlichung meiner Musik. Für den Messestand des Furore Verlags auf der Frankfurter Musikmesse 1986 entwarf ich zunächst ein Signet, das klingend auf den Verlag aufmerksam machen sollte. Daraus wurde später ein Vorspiel für dieses Klavierstück, wobei die Saiten im Flügel mit Leucoplast präpariert werden. So entsteht ein zarter, spinettartiger, perkussiver Klang. Der gesamte Zyklus bietet verschiedene Möglichkeiten der Interpretation insofern, als die einzelnen Teile im Ablauf variabel bleiben.

Vorwort aus der Notenausgabe: Barbara Heller Darmstadt 6.12.2005

Furore – ein Traum
Vorwort: Neue Einzelausgabe 2006

Renate Matthei gründete 1986 einen Verlag, um die Musik von Komponistinnen zu publizieren. Dafür galt es einen Namen zu finden: Furore Verlag. Ich war davon begeistert und wollte der Verlegerin eine ‚wilde' Musik als Markenzeichen zum Start dieses besonderen Unternehmens komponieren in der Hoffnung, dass der Furore Verlag auch wirklich Furore machen würde.

Da wir Komponistinnen lange Zeit von einem Verlag, der sich für unsere Musik interessiert, geträumt hatten, kam mir die Idee zu dem Wortspiel: *Furore – ein Traum*? Die vorliegende Partitur zeigt meine Fantasien über dieses neugeborene Unternehmen, meine Freude, meine Erregung, die Nervosität, und das Träumen von einer erfolgreichen Zukunft sowie die vielen bruchstückhaften Versuche, eine ‚wilde' Musik zu machen, und dazu auch einen träumerischen Teil zu schreiben. Die Druckausgabe enthält meine eigene Anordnung der Einzelteile. Nach Belieben lassen sich die einzelnen Teile auch in anderen Anordnungen spielen. Die Präparierung der Einleitung zum ‚Traum' ist nur auf einem Flügel möglich.

Nach der Uraufführung am 4. März 1990 in Kassel mit der Pianistin Roswitha Aulenkamp wurde die Italienische Erstaufführung am 10.8.1990 mit Juan Carlos Gentile in Montepulciano gespielt. 1997 hat die Russin

Margrit Julia Zimmermann *Furore – ein Traum* auf CD eingespielt (La Palmera, Salto Records International Sal 7002).

Nachdem ein großer Teil meiner Kompositionen im Laufe der Jahre im Furore Verlag publiziert worden ist, fühle ich mich nach 20 Jahren besonders geehrt mit dieser neuen Einzelausgabe und danke Renate Matthei und allen Mitarbeiterinnen des Furore Verlages sehr herzlich.

Furore – ein Traum, Dauer: 7'
Teilpräpariertes, poetisch bis brillantes Klavierstück dem Furore Verlag gewidmet
Italienische Erstaufführung: 10.8.1990, Montepulciano/Italien, Juan Carlos Gentile
Furore Verlag (fue 129)
Furore Verlag (2006) Sonderausgabe zum 70. Geburtstag
Gema-Werk-Nummer: 2.020.454
Rundfunkmitschnitt: Radio Bremen 24.11.2006
Tonträger: CD La Palmera, Margrit Zimmermann Klavier, Salto Records International SAL 7002
Bildträger: Postkarte fue 830 (Furore Verlag)
Presse: 21.3.1990 Hersfelder Zeitung (iu):
„Die Partitur verlangte das Abkleben bestimmter Saiten mit Leucoplast. Dadurch entstehende bambusartige Töne sorgten bei den Zuhörern für neue Klangerlebnisse."

PS: Dieses Werk gehört in die Gruppe der Kompositionen, die ich ganz eigensinnig und quasi nur für mich geschrieben habe. Daher sind die Schwierigkeitsgrade teilweise grenzwertig. Der minimalistische Teil ist rein spieltechnisch und bezüglich Durchhaltekraft eine Herausforderung. Das könnte der Grund dafür sein, dass es selten gespielt wird.

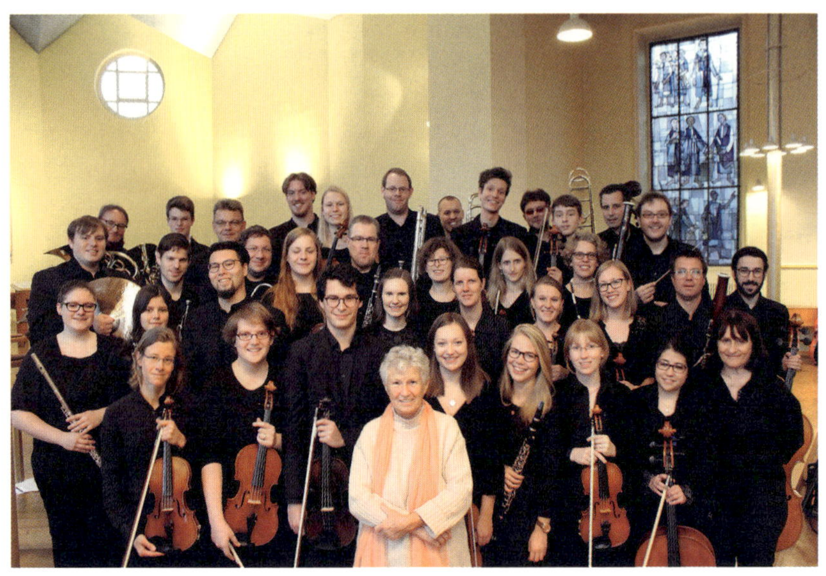

Konzert zum 80. Geburtstag, Jugend-Musik-Ensemble,
Leitung: Christian Münch-Cordellier, Lukaskirche Frankfurt am Main, 11.12.2016
(Foto: Mathilde Cordellier)

1986

Lalai – Schlaflied zum Wachwerden?
für Violine und Klavier

Dieses Lied stammt von einer Gruppe Intellektueller, die 1973 unter dem Schah-Regime in Teheran hingerichtet worden sind. Es ist ein Widerstandslied und handelt von einer Mutter, die ihrem Kind ein Schlaflied singt und ihm erzählt, was mit dem Vater geschehen ist. Das Lied wurde unter anderem von den iranischen Studenten im Ausland in der Zeit der Schah-Herrschaft als Widerstandslied gesungen. Unter dem Chomeini-Regime sind 50 Frauen im Frühjahr 1989 ermordet worden. *Lalai, Schlaflied zum Wachwerden?* ist allen Frauen gewidmet, die aus politischen Gründen in islamischen Gefängnissen festgehalten werden, all denen, die schon hingerichtet worden sind und all denen, deren Leben noch bedroht ist.

Geschrieben: spontan am 23.6.2003 begonnen nach einer E-Mail von Laura Kobayashi.
Am 8.3.2004 kurz ergänzt. Weitere Ergänzungen am 17. Juli 2009

Mein Lektor im Schott Verlag Rainer Mohrs, sagte einmal: „Frau Heller, mit ihrem *Lalai* werden Sie noch einmal berühmt." Jedes Musikwerk hat seine Geschichte. Auch *Lalaia*. Heute kam eine E-Mail aus den USA von Laura Kobayashi, die *Lalai* 1998 eingespielt und mir damals eine CD davon geschickt hatte. Ich kenne sie nicht und sie kennt mich nicht. Sie schreibt, dass sie am 9.8.2003 *Lalai* in Südafrika spielen wird. Und sie fragt, ob ich eine neue Komposition für Geige und Klavier habe. Es ist jedes Mal sehr schön, wenn mir Interpretinnen schreiben, dass sie Musik von mir in ihrem Repertoire haben und dass sie sich noch mehr wünschen.

... Obwohl ich damit auch in die Frauenecke gekommen bin...

Lalai ist schon 1989 entstanden. In dem Augenblick, in dem es publiziert wurde und damit in den Musikalienhandel kam, ging *Lalai* wie ein Kind in die Welt und fort von mir. Durch diese Netzwerke von Verlagen und Handel wird *Lalai* in andere Länder zu unterschiedlichen Menschen geschickt und erzählt ihnen etwas. Acht Tage und Nächte lang habe ich ohne Pause daran gesessen und versucht, die 50 Frauen damit zu retten!

Es war wie ein innerer Befehl: „Das wird jetzt gemacht! Du bleibst solange daran sitzen, Barbara, bis Du eine Lösung gefunden hast.“ Das Problem war die Melodie des alten persischen Wiegenliedes, die eigentlich nur tonal gesetzt werden konnte. Damals wollte ich keine tonale Musik machen.

Ich weiß noch gut, wie mir die Idee kam, dass ich am Klavier außen beginne und nach innen laufe, während die Melodie der Violine in der Mitte schwebt. So konnte ich die Melodie einrahmen, im Arm halten und sie wiegen. Es war schließlich die Melodie eines Wiegenliedes. Es wurden nur zwei Variationen für die Violine solo, die Zeit war zu kurz. Der Termin war festgesetzt und ich musste ja auch selbst noch Stücke für das ganze Konzertprogramm am Klavier einstudieren. Wir spielten damals, die Sonaten von Yardena Alotin, Germaine Tailleferre, Verdina Shlonsky, also zeitgenössische Musik, aber auch Clara Schumann und Louise Adolpha Le Beau u.a. Alles war schwere Literatur. Und manchmal musste ich auch mal schlafen oder essen.

Ich habe *Lalai* in Darmstadt am Flügel komponiert. Die Violinstimme musste leicht sein, weil Helga Wähdel, die Geigerin, keine Zeit hatte, es zu proben oder gar mit mir zu improvisieren um etwas auszuprobieren. Nein, sie wollte es an dem Abend des 27. Januar 1989 in Bonn vom Blatt spielen können. Der Stil in der Klaviervariation ist damals wegen der Brutalität der politischen Situation entstanden. Ich weiß noch gut, dass ich stundenlang daran probiert habe und es mich selbst fasziniert hat, welche Klangmöglichkeiten durch das Abdecken von zwei Tönen innen auf der Saite im Flügel entstehen. Ich wollte eigentlich noch mehr auf diese Art komponieren und habe viele Notizen von damals. Es gibt noch zwei Strophen für Klavier solo in diesem Stil (*Nelkenblume*, in: Klaviermusik, Furore Verlag Kassel und *Eisenblume*, Manuskript). Auch dachte ich seinerzeit, in dieser Weise andere überlieferte Volkslieder aus fremden Ländern für das Klavier zu setzen. Eines davon war das Fragment eines *Böhmischen Liedes* (in: Klaviermusik von Komponistinnen, Schott Music [ED 7197]), das mir ein tschechischer Maler, der im Belgischen Viertel in Köln im gleichen Haus wie ich wohnte, vorgesungen hat. Der Anlass dazu war ebenfalls politisch. Uns erreichte die Nachricht, dass der Dichter Václav Havel inhaftiert wurde. Wir machten sofort eine Lesung und ich spielte dazu Klavier und widmete ihm dieses kleine Lied. Aber bis heute habe ich noch keine befriedigende Lösung gefunden, meine rhythmischen Fantasien auf diese Weise auszudrücken. Wie so oft, habe ich auch damals schon Ideen nicht mehr weiterverfolgt und kapituliert, mich verrannt und vergessen… *Lalai* geht nicht nur mir zu Herzen. Ich erlebte mehrmals in Konzerten, dass die Menschen weinten, und dass nach dem letzten Ton im Saal lang Totenstille herrscht. Das Stück ergreift, wenn Du hinhörst. Es ist Musik die etwas ausdrückt und die Gefühle tangiert. Im Gegensatz zu den *Tagebuchblättern*, die wieder strukturell komponiert sind und damit zeitloser bzw. objektiver – oder?

Dass der Münchner Gitarrist Sigfried Schwab 1995 aus *Lalai* ein Ensemblewerk für Gitarre, Viola, Flöte, Trommel und Sprecherin gemacht hat, war wunder-wunderschön für mich. Es wird seltener gespielt, da die Besetzung größer ist. Ich habe es einmal in Bern gehört und 2004 in Oldenburg, auch in Balingen 2010 und am 17.11.2012 wurde es in Zeltingen an der Musikschule aufgeführt. Der Schott Verlag hat die Ensemblebearbeitung von Schwab sogar gedruckt! Einmal haben wir auf Wunsch des Hauses eine Werbeaktion mit dem Heft gestartet und es an 30 verschiedene Personen und Musikschulen gesandt. Es hat Null gebracht. Damals… Vielleicht braucht das auch seine Zeit? Wie alles andere auch…?

Auf meinen Wunsch hat der Schott Verlag auch eine Einzelausgabe für Violoncello gemacht. Die Violinversion wurde 1994 bei Schott Musik International in einem Sammelband veröffentlicht: *Frauen komponieren, 13 Stücke für Violine und Klavier* und dann 15 Jahre später 2009 als Einzelausgabe.

Wer also Musik von Komponistinnen sucht und den Sammelband kauft, stößt darin automatisch auf *Lalai*. Auf diese Weise haben auch in Madrid zwei Musikerinnen, das duo àrtemis mit Rodica Monica Harda (Violine) und Carmen Martinez (Klavier) *Lalai* entdeckt, das Heft gekauft und die Musik auf CD eingespielt: „Lalai – canción de cuna para despertar."

Freundlicherweise haben sie mir ein Exemplar davon geschickt und mich auch nach Spanien eingeladen. Aber damals hatte ich gerade keine Zeit… warum eigentlich? Ich wollte die Reise bezahlt bekommen und nicht nur wegen *Lalai*, wegen 10 Minuten meiner Musik auf eigene Kosten fahren. Im April 1995 wurde ich auch nach St. Petersburg zur Aufführung der *Sinfonietta für Streichorchester* eingeladen und bin auch nicht hingefahren, weil ich kein russisch spreche und diese Reise bestimmt sehr teuer gewesen wäre. Ich hatte auch Angst, noch die Vorurteile meiner Eltern im Ohr: „…die Russen kommen…". Meine Güte, diese Vorurteile!

Und jetzt, am 8.3.2004, erhalte ich den Anruf aus Madrid, dass *Lalai* als „Sendezeichen" im Spanischen Rundfunk gewünscht wird. Ich habe bei Schott nachgefragt und freue mich über die Erlaubnis. Ich habe ja die Rechte an meiner Musik abgetreten... Die Idee kam von Signora Antonia in Madrid, nachdem sie die CD der spanischen Musikerinnen im Artemis Duo gehört hatte. So strahlt der lateinamerikanische Sender Arcor von Madrid aus *Lalai* als Ruf in die lateinamerikanische Welt aus.

Als ich 2007 in Hermigua auf der Insel La Gomera war und erzählte, ich würde so gerne mal den Sender live hören, um mein damaliges Telefoninterview in holprigem Spanisch hören zu können, führte mir ein spanischer Freund direkt eine Livesendung davon vor und machte mir eine Kopie davon. Er verteilte die CD an unsere Freunde in Hermigua. Auf diese Art kommen Beruf und Leben zusammen. Immer wieder freue ich mich darüber. Ich bin ja beides...

Lalai taucht bis heute immer wieder in Konzertprogrammen auf. Das erfahre ich, wenn ich eingeladen werde. In den letzten Jahren war ich oft eingeladen. Wenn die Menschen Kontakt zu mir aufnehmen, weil sie ein Programm mit Heller-Musik gestalten, ist es jedes Mal ein Erlebnis, das mich tief berührt. Als die Harfenistin Domenica Reetz zusammen mit der Geigerin Marianne Boettcher *Lalai* im Berliner Konzerthaus mit Harfe spielte, war ich ganz hingerissen von dem besonderen Klang, sodass wir eine eigene Harfenausgabe davon zusammen mit einigen *Klangblumen* in Harfenfassung publizieren werden. Anfang des Jahres erwähnte zum Beispiel der Dirigent des Frankfurter Jugend-Musik-Ensembles Christian Münch, dass ihm *Lalai* nicht aus dem Kopf gehe, nachdem er es einmal gehört hat, und dass er sich wünschte, dass ich eine Orchesterversion davon schreibe. Gerade hat er diese Musik für 2009 schon wieder in seine Programme genommen. Weil er auch gerne ein Quartett für sein Fagott-Ensemble hätte, wurde *Lalai* für vier Fagotte gesetzt. Sehr bald habe ich dann auch ein neues *do-re-mi-fagott*-Quartett geschrieben. Lustigerweise nannte sich das Ensemble bei der Uraufführung im September 2009 do-re-mi-fagott-Quartett, und unter diesem Namen haben sie auch *Lalai für vier Fagotte* am 13. Februar 2010 in Frankfurt uraufgeführt. Christian Münch hat beide Musiken im Schott Verlag herausgegeben. Seine Herausforderung wurde auf diesem Weg zur Förderung.

Wird dieses ‚Musikkind' selbständig? Es ist ein Geschenk des Himmels, ihm immer wieder zu begegnen. So traf ich *Lalai* dieses Jahr schon in Düsseldorf und Berlin, und jedes Mal hat es eine andere Gestalt und ist dennoch geblieben, was es war, und manchmal berührt es mich wieder so, dass ich ganz beklommen und irritiert bin, obwohl ich ja als Gast im Konzert klar und offen sein sollte. Dass *Lalai* auch heimlich mit einem Handy eines Konzertbesuchers gefilmt wurde, macht es zu einer abenteuerlichen Figur. Und das alles nur, weil es einmal aus meinem Herzen und Geist geboren wurde. Diese geschenkten Wiederbegegnungen machen mein Leben so reich, dass es mich an der Hand nimmt und mit mir viele wundersame Erfahrungen macht. Die Arbeit – und die damit verbundenen oft schwierigen Geburtswehen – haben sich also gelohnt.

Und:

Mai 2016
Inzwischen wurde *Lalai* auf vielen CDs in der Violinversion veröffentlicht. Eine erste Aufnahme der Celloversion machte die Cellistin Katharina Deserno mit der Pianistin Gesa Lücker im Hessischen Rundfunk für eine CD bei Wergo. Es war der 23. Mai 2016 – ein Tag, den ich nicht so schnell vergessen werde. Sie spielten aus voller Seele und ganzem Herzen, so intensiv, dass es tief berührte. Sie erzählten mir, dass in ihrem Konzert in Köthen das Publikum geweint habe. Ja – in Weimar haben damals auch alle geweint, als ich es selbst zum ersten Mal auf der Mitgliederversammlung und Tagung des „Internationaler Arbeitskreis Frau und Musik e.V." mit einer Cellistin gehört habe.

Zu meinem 80. Geburtstag wird ein Konzert in Frankfurt organisiert und ich konnte dann die Orchesterversion zum ersten Mal real hören. Das „Kind" ist selbständig geworden und entfremdet sich von mir, nimmt Eigenschaften von Tina Ternes an, die es in ihrem Stil arrangiert, und damit gehört mir *Lalai* nicht mehr. Ist das ein Geschenk? Ja, denn es bleibt damit lebendig und wird auch von ganz jungen CellistInnen gespielt, weil die Melodie in einer Cello-Ausgabe für Kinder von Katharina Deserno enthalten ist. Und letzten Herbst sagte ein Nachbarkind über den Zaun herüber: „Frau Heller, aus meiner Schulklasse hat ein Mädchen Ihr *Lalai* im Konzert gespielt. Ich habe es gehört. Es gefällt mir gut." So entsteht eine lebendige Kommunikation, die ich nicht selbst geplant habe. In der Folge schenken mir meine Kompositionen Überraschungen und neue Erfahrungen, das ist wundervoll! Das Geheimnis von *Lalai* liegt nicht in meinem Können, sondern in dem alten persischen Volkslied, dessen Melodie sehr anrührend ist. Daher erklingt es auch am Besten in einer einfachen Besetzung. Meine Bläserquintettfassung ist nicht gut und wurde auch vom Verlag abgelehnt mit der Begründung, die Besetzung eigne sich nicht für dieses Lied. Stimmt!

Gunni Wörner, eine Darmstädter Cellistin, spielte das Lied auf dem Darmstädter Friedhof für eine gemeinsame persische Freundin, die damals den persischen Text für die Notenausgabe übersetzt hat: Farideh Böhme. Diese Reisen, welche das Musikwerk macht, erlebe ich wie geschenkt innerlich mit und das öffnet mir Türen zur Welt. Gerne würde ich erfahren, wenn *Lalai* auch in außereuropäischen Ländern gespielt würde. Schott verkauft ja alle Notenprodukte international. Es ist jedoch nicht üblich die Komponisten zu informieren, wenn ihre Werke gespielt werden. So erfahre ich es nur zufällig von Freunden oder Bekannten.

27.6.2016

Im November 2016 gibt es eine UA der Orchesterfassung *Lalai* (Bearbeitung: Tina Ternes) in Frankfurt mit dem Jugend-Musik-Ensemble unter Christian Münch-Cordellier.

In einem Seminar am 16. Juli 2016 an der HfMDK in Frankfurt spielte eine 16-jährige *Lalai* auf dem Cello. Es hätte nicht schöner sein können! Sie sagte später, ihre Oma sei Iranerin.

Dass *Lalai* nun auch auf einer deutschen CD „Begegnungen" verewigt wurde (#) und sogar in einem Kunstfilm über Paul Celan weiterlebt, erfüllt mich mit Begeisterung.

Filmessay ORF II von Susanne Ayoub: ANTSCHEL – In memoriam Paul Celan, 2020

Im Handel gibt es bei Schott Music: *Lalai* für Violine und Klavier, *Lalai* für Cello und Klavier, *Lalai* für Violine und Harfe, *Lalai* für Flöte, Viola und Gitarre (S. Schwab-Bearbeitung), *Lalai* für Orchester (Tina Ternes Bearbeitung), *Lalai* für Fagott-Quartett, *Lalai* für Klaviertrio, *Lalai* als Bläserquintett im Manuskript

(#) CD „Begegnungen" mit dem Duo Esther Schoepf, Violine und Norbert Groh am Klavier. CD Wergo, Herbstmusik, *Lalai – Schlaflied zum Wachwerden*, Violoncello: Katharina Deserno, Pianoforte: Gesa Lücker.

1987
Im Feuer ist mein Leben verbrannt
für gemischtes Ensemble, Gesine Wagner gewidmet

Getroffen von einem Starfighter-Absturz anläßlich einer Waffenschau in Hessen, erlag die junge Schülerin Gesine Wagner nach 81 Tagen dem Verbrennungstod. In diesen Tagen diktierte sie ihren Eltern ihre Gedanken und wünschte sich, diese sollten in einem Buch veröffentlicht werden, was auch rasch nach dem Unglück geschah. Der Verlag Güterslohe brachte das Taschenbuch heraus, das nach dem Wunsch der Autorin den Titel trug: „Im Feuer ist mein Leben verbrannt." Einige Zeit später klingelte es bei mir in Darmstadt an der Haustüre. Als ich öffnete, sah ich eine junge Frau mit diesem Buch in der Hand. Sie kam zu mir mit dem Auftrag, ein Orchesterwerk für das Clara Schumann Frauenorchester anlässlich der Eröffnung eines Brunnens für Gesine Wagner in der Nähe des Grüneburgparks in Frankfurt zwei Monate später zu schreiben. „Sind 5000 Mark genug?" wurde ich noch gefragt. Ich erinnere mich gut, wie betroffen und sprachlos ich war. Mehr noch, ich war erschüttert, erschrocken und ganz durcheinander. Nach der Lektüre des Buches fühlte ich mich innerlich aufgewühlt. Wie sollte ich diese Aufgabe erfüllen können? Das Clara Schumann Orchester kannte ich schon aus der Kölner Zeit der Gründung mit der Dirigentin Elke Mascha Blankenburg. Es hatte auch einige Male meine *Sinfonietta für Streichorchester* konzertant aufgeführt.

Ich machte einen Entwurf mit grafischen und verbalen Angaben. Bei den Vorproben zum geplanten Festakt gab mir das Orchester 20 Minuten Zeit für mein Experiment. Visionen für einen Orchesterklang hatte ich viele. Orchestrieren hatte ich nie gelernt. Also entwarf ich ein Modell für eine gelenkte Improvisation mit meinen ganz klaren, eindeutigen Hörvorstellungen. Die anwesenden Musikerinnen gaben ihr Bestes in der kurzen Zeit. Sie spielten genau, was ich mir vorgestellt hatte – ohne Partitur, nach meinen Angaben und einem amateurhaften Dirigat. Die einzelnen Klangereignisse tönten genau, wie sie sollten, sodass ich den Mut für eine Zusage zum Auftrag fand und die offizielle Partitur erstellte.

Leider aber wurde der Brunnen für Gesine nie eröffnet und das Orchesterkonzert kurzfristig abgesagt. 1990 widmete der Komponist Hans Werner Henze sein berühmtes Festival in Montepulciano ausschließlich uns

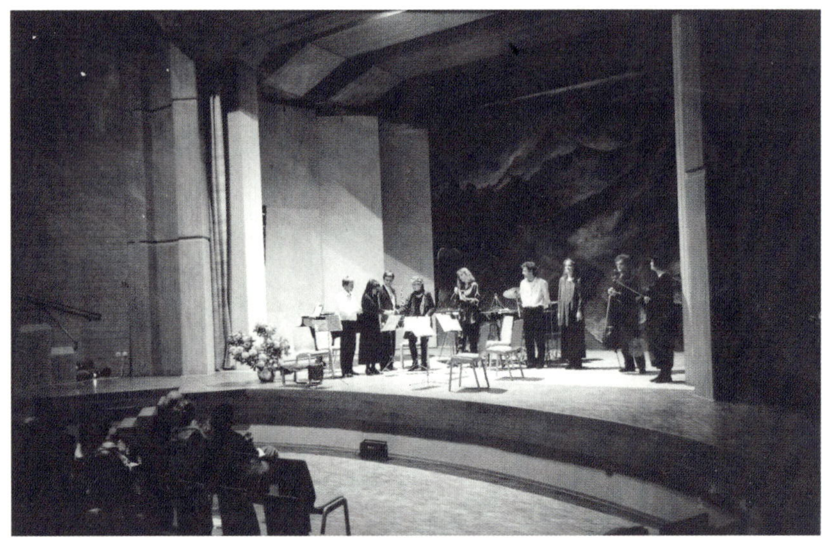

Bei der Uraufführung von *Im Feuer ist mein Leben verbrannt.* Mitglieder des Ensembles Horizonte v.l.: Günther Herzfeld (Klavier), Kathrin Gehrke (Flöte), Jörg-Peter Mittmann (Oboe), Barbara Heller, Susanne Jacoby (Fagott), Kurosh Davis (Viola), Cornelius Grube (Violoncello), Alexandra Herdieckerhoff (Violine), Bielefeld 16.6 1991 (Foto: Hermine Oberück)

Gesine Wagner
Im Feuer ist mein Leben verbrannt
Der Starfighter-Absturz in Frankfurt Pfingsten 1983
Briefe Tagebuchaufzeichnungen Dokumente
GTB Siebenstern

Komponistinnen. Ich war für drei Wochen in Montepulciano dazu eingeladen, das Werk mit dem Ensemble „Complesso strumentale dell'istituto Communale di Musica" einzustudieren. Als ich am 10. August 1990 die italienische Uraufführung erlebte und dort die Eltern von Gesine kennen lernte, erfuhr ich, dass das Konzert Jahre später genau zur selben Uhrzeit am gleichen Tag des gleichen Monats stattfand, an dem Gesine gestorben ist. Das lässt mich heute noch erschaudern.

Der Musikwissenschaftler Dr. Detlev Gojovy machte 1992 eine Livesendung im WDR Köln und hatte dazu Gesines Eltern und mich zu einem Gespräch eingeladen. Im Hessischen Rundfunk hatte das Detmolder Ensemble Horizonte die Uraufführung von *Im Feuer ist mein Leben verbrannt* eingespielt. Im Ensemble war eine Geigerin, die in der Schule noch mit Gesine Wagner befreundet gewesen war. Auch der Leiter des Ensemble Horizonte Jörg-Peter Mittmann hatte sie noch persönlich gekannt. Die Uraufführung im Hessischen Rundfunk war ergreifend wie jede andere, spätere Aufführung auch. Es war auffallend für mich, dass nahezu alle Ensembles, die eine Zeit lang diese Musik aufgeführt haben, das Werk sehr ähnlich interpretierten, obwohl vieles nur grafisch notiert ist und die Anteile der Eigenkompositionen jedes Mal von den jeweiligen Interpretierenden eines Ensembles neu geschrieben werden mussten. Das gesamte Konzept ist formal sehr klar angelegt und funktioniert als gelenkte Improvisation mit genauen Angaben zur Einstudierung und Aufführung.

Eine Zeit lang wurde ich in vielen Städten Deutschlands in Gymnasien eingeladen, meine Musik vorzustellen und darüber zu sprechen, sie den Jugendlichen zu vermitteln. Das war die Gelegenheit, mit *Im Feuer ist mein Leben verbrannt* wo immer es möglich war auf Gesine Wagner und ihr Schicksal hinzuweisen. Die Frage, ob ich eine politische Komponistin sei, konnte ich nur mit „nein" beantworten. Denn diese musikalisch-soziale Komposition kam aus meinem Herzen. Übrigens befindet sich in der Partitur auch eine Komposition von Gesine Wagner für Flöte Solo, die als Zitat eingearbeitet worden ist. Der Furore Verlag Kassel hat sie veröffentlicht.

Geschrieben: 2020

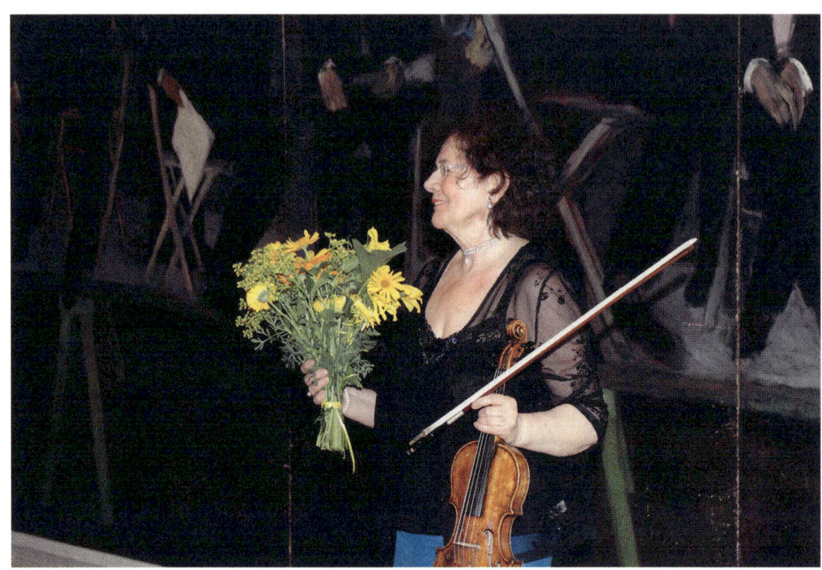

Die Berliner Violinvirtuosin Marianne Boettcher

1987
Nah oder fern
für Viola Solo

Die wohlbekannte Berliner Geigerin Marianne Boettcher wünschte sich ein Solo. Es entstand die *Solovioline* für sie. Aber die Bratschistin Almut Steinhausen fand, es klinge besser auf der Viola. Ich schrieb das Stück um und sie spielte es nach der Uraufführung noch einige Male. Ich selbst habe es sehr selten gehört. Mit dem Geiger Konstantin Gockel entstand beim Hessischen Rundfunk ein Konzertmitschnitt. Marianne Boettcher hat es in ihr Repertoire genommen und sie hat mich im Verlauf der Jahre immer wieder zu Konzerten eingeladen. So habe ich die Violin-Version oft hören können. Die Musik bleibt mir bis heute fremd. Sie ist am Schreibtisch streng nach Regeln komponiert. Dann hat eine Geigerin aus Stuttgart *Solovioline* entdeckt und gespielt. Jetzt, 2016, bekomme ich von Johanna Maurer, einer 17-jährigen Bratschen-Studentin, die Anfrage für „Jugend Musiziert" in Konstanz. Ihre Lehrerin Susanne Sigg hat 2011 in einem Portraitkonzert mitgespielt: bei *Lalai* in der Version von Sigfried Schwab mit Flöte, Bratsche, Gitarre und Percussion. Sie war sehr lebhaft und erzählte, dass sie vor langer Zeit in Mainz meinen Improvisationsworkshop „Oktobermusik" besucht habe, dessen Ergebnis abends als Konzert präsentiert wurde. Es wirkten damals jüngere Musikhochschulstudierende mit. Es war die Zeit, als ich solche Gruppenarbeit gerne gemacht habe, um die Musiker und Musikerinnen aus sich herauszulocken, ihnen das Improvisieren zu vermitteln und sie gleichzeitig zum Komponieren hinzuführen. Es waren die Jahre mit einigen Kollektivprojekten, später auch bei „Response" in Hessen.

Geschrieben: 2016

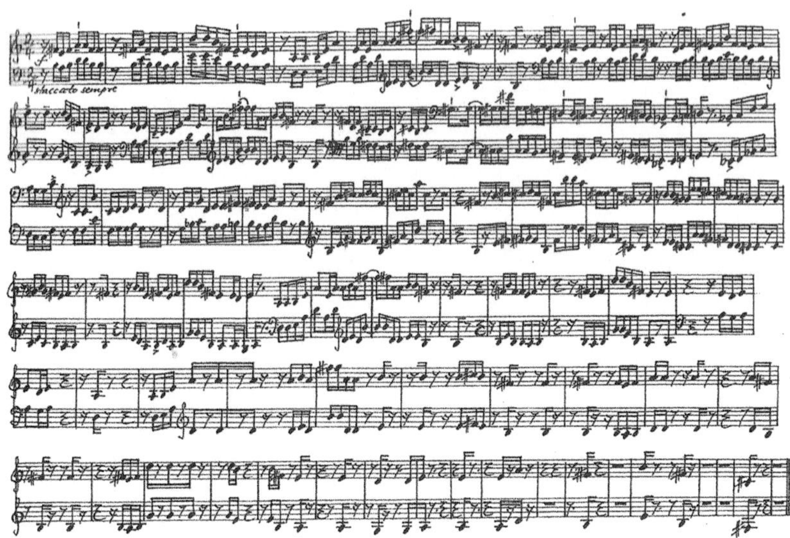

Gelbe Quinten (Autograph), aus: *Das Quintenbuch* 1990, Furore Verlag, Kassel

1989
Das Quintenbuch
für Klavier

Zu diesem Werk habe ich ein sehr fernes Verhältnis. Ich kann wenig darüber sagen. Ich weiß nur, dass ich seinerzeit eine Krise hatte und null komponieren konnte. Irgendwie hängt es wohl doch mit dem Tod meiner Mutter zusammen…?

Da ich etwas Geld geerbt hatte, nahm ich mir vor, nun endlich Zeit zum Komponieren zu haben, und zwar mindestens 3 Jahre lang, um auszuprobieren, ob es überhaupt zur Berufskomponistin reicht. Ich stoppte alle Konzerttätigkeiten, war auf einen Schlag keine Pianistin mehr und hatte Zeit, viel Zeit. Alle fragten mich, was ich denn komponiere. Heute glaube ich, dass ich unter Vollzugszwang und unter dem Druck stand, es mir und den anderen zu beweisen. Jedenfalls tat ich das ganze Jahr über nichts als Quinten zu spielen. Sie kamen mir immer wieder in die Finger, täglich, stundenlang.

Auslöser war eine sehr lange Trauerphase. Meine Mutter ist erst am 21.8.1989 gestorben, war aber einige Wochen vorher durch einen Schlaganfall bereits gelähmt und sprachlos.

Die Quinte entsprach total meinem Lebensgefühl, die leere Quinte – ein hohler Raum. Schon am 20. Juni finden sich Einträge in meinem Tagebuch, dass ich Eva Dahmen-Schmitt besuche und ihr „Blaue Quinten“ vorspiele. Mit ihr hatte ich viel über Farbe diskutiert. Am 18. Juli machte sie Tuschezeichnungen während ich Klavier spielte. Wir wollten uns bei einem Wettbewerb in Heidelberg zum Thema „Blau – Farbe der Ferne“ bewerben. Anfangs habe ich das nicht ernstgenommen. Im Grunde hatte ich Angst, frei vor ihr zu improvisieren und hatte mir ein Modell ausgedacht, das mit den Quinten in verschiedenen Oktavlagen operierte: langsam und ruhig oder laut und extrem, damit ich nicht so hilflos bin. Manchmal war ich auch bei meiner Malerfreundin Franca Weiss und erzählte ihr davon. Sie mochte lieber die jazzigen „Orange Quinten.“ Die „Gelben Quinten“ erwuchsen auf Bestellung von der Frankfurter Bildhauerin Eva-Gesine Wegner, die unbedingt eine Ton-Zeichnung für ihr Projekt zu Camille Claudel haben wollte. So entstand die „Schlange im

Stein“ mit den „Gelben Quinten,“ und zusätzlich „Ein kleiner Bogen.“ Die unterbrochenen Quinten hörte ich sozusagen ihrer Bildhauerei, der Art und Weise, wie sie haute, ab. Sie klopfte immer nur sehr kurz mit dem Hämmerchen. Die Arbeitsweise dieser bildenden Künstlerinnen, ihre Energie, ihre Kreativität und ihre große Durchhaltekraft haben mich überzeugt, selbst intensiver zu arbeiten. Tatsache ist, dass mir diese gegenseitigen Anregungen großen Spaß machten. Noch heute liebe ich solche Verbindungen zu Menschen, die mich durch ihre künstlerische Arbeit bereichern.

Bei „Blaue Quinten“ gefiel mir selbst der Anfang ganz besonders. Und so habe ich – wie früher bei den *Anschlüssen* – einfach daran weitergearbeitet, gesucht, probiert und gewagt. An „Unterbrochene Quinten“ habe ich lange herumgedoktert. Ähnlich wie im Klaviersolo *Lalai*, in der *Tonkette* oder in *Furore – ein Traum* wollte wieder meine ganz besonderen Rhythmen finden. Die „Rosa Quinten“, waren tatsächlich sofort geboren und auf Notenpapier festgehalten, nachdem der Klavierstimmer meinen Flügel frisch gestimmt hatte – wie banal! Ich zeichnete sie in ein Seerosenblatt. Mir gefiel tatsächlich das Kitschige an diesen Quinten. Die „Schwankenden Quinten“ nannte ich anfangs „Traurige Quinten“. Stundenlang habe ich sie frei gespielt und auf Tonbandkassette aufgenommen. Später habe ich das *Ton-Zeichen Feigenblatt* daraus gemacht, ein szenisches Tanztheaterstück für Jolanda Rodio. In Recklinghausen haben wir es mit ihrem Ensemble uraufgeführt, das unter anderem auch Quintenparallelen zu singen hatte. Ich wollte auch ein Lied oder ein Chorstück daraus machen, aber das ist bis heute noch nicht ausgegoren. „Schwankende Quinten“ empfinde ich wie einen Entwurf, der nicht ausgearbeitet worden ist. Das kommt oft vor bei mir! Ich weiß nicht wie. Die „Orangen Quinten“ sind noch offen, man kann endlos daran weiterimprovisieren. Ich selber tue das auch. Für die Pianistin Deborah Richards habe ich einfach nur ein paar Takte davon aufgeschrieben. Sie stellt sich die verschiedenen Titel für Ihre Konzerte und Rundfunkeinspielungen selbst zusammen. Die „Quinten für Fanny“ liegen immer noch brach, ich zweifle wieder einmal. *Das Quintenbuch* wird eine Art endlosen Fortsetzungsromans, wobei in der Interpretation persönliche Fortsetzungen improvisiert werden können.

Geschrieben: 1997

Das *Quintenbuch* entstand 1989 in der Trauerphase um den Tod meiner Mutter. Mir fiel nichts mehr ein. Keine Musik. Nur noch leere Quinten, tagelang, wochenlang. Hinzu kam der Wettbewerb „Blau – Farbe der Ferne“ in Heidelberg. Mit der Malerin Eva Dahmen-Schmitt hatte ich mich viel über Farben und Musik unterhalten. Sie malte kleine Aquarelle zu den „Blauen Quinten“. Wir bewarben uns bei dem Heidelberger Wettbewerb. Für die Malerin Franca Weiss schrieb ich „Orange Quinten“, denn sie liebte mehr das Heitere und Jazzige. Ich improvisierte für sie stundenlang im selben Stil. Diese zwei notierten Seiten sind nur eine Auswahlnotation, die sich beliebig weiterentwickeln lässt. „Unterbrochene Quinten“ und teilweise auch die „Gelben Quinten“ sind in direkter Weise dem Stein entsprungen: Dem Stein, an dem die Frankfurter Bildhauerin Eva-Gesine Wegner mit Hammer und Meißel klopfte und hämmerte. Sie sprangen aus ihrem Rhythmus. Ich machte daraus ein „Ton-Zeichen“ für sie: „Die Schlange im Stein“.

Früher, im Studium, waren Quintenparallelen in einer Komposition verboten! Jetzt aber hatte ich alle künstlerischen Freiheiten und setzte das Verbotene in den „Gelben Quinten“ um. Die „Rosa Quinten“ entstanden an einem Tag, nachdem der Flügel frisch gestimmt war. Sie sind mir quasi aus den Fingern gesprungen. Das Kitschige daran ist echt empfunden. Ich liebe es, wenn der Klavierstimmer kommt und die Quinten im Raum herumtanzen. Der Klavierstimmer ist ein Meister der Musik! Dieselben „Rosa Quinten“ gibt es noch in einer zweiten Version mit anderer Spielweise. Daraus habe ich eine Grafik für die Malerin Eva Dahmen-Schmitt gemacht, die „Erinnerungen eines Seerosenblattes“. Damals empfing ich viel Inspiration durch Bilder mit Fossilienfunden aus der Grube Messel. „Schwankende Quinten“ sind im Grunde auch meine „Traurigen Quinten“, die ich tagelang in allen Variationen spielte. Es gibt darauf ein szenisches Tanztheater-Singspiel, das Ton-Zeichen „Feigenblatt“. Es entstand im Auftrag von Jolanda Rodio, der Gründerin der „Schule Totales Theater“ in der Kulturmühle Lützelflüh im Emmental in der Schweiz. Die Choreographie verbindet Tanz mit Gesang. Nach der Aufführung in Recklinghausen im Oktober 1989 wollte ich auch ein Chorstück daraus machen. Dieses „Feigenblatt“ ist gleichzeitig ein Keim, der sich beliebig ausarbeiten lässt.

Bis heute fasziniert mich das Arbeiten mit Quinten. Die „Quinten à la Fanny“ stehen noch aus. Von der Komponistin Fanny Mendelssohn habe ich eine Toccata entdeckt, die ähnlich einstimmig strukturiert ist, wie es mein damaliger Kompositionsstil war. Ich bekam Lust auf diese Art eine

„Quinten-Toccata“ zu schreiben. Das wäre geistiger Diebstahl. Im Grunde ist *Das Quintenbuch* ein Langzeitprojekt. Auch wenn die einzelnen Titel in einer Reihenfolge nach meinen damaligen Vorstellungen im Furore Verlag Kassel schon veröffentlicht worden sind. Ich selbst habe es seinerzeit als Pianistin in dieser Reihenfolge gespielt. Mein Wunsch aber ist, dass jede Interpretation frei in der Reihenfolge der Titel bleibe. Mit diesem Werk beginnt eine gravierend neue Arbeitsweise.

(Entwurf für das Vorwort der Notenausgabe: ca. 1996)

1989
Ton-Zeichen

Die *Ton-Zeichen* sind musikalische Einfälle spielerischer Art, die über das Betrachten, Erfahren und Zeichnen von Landschaften und Fundobjekten aus der Natur entstanden sind. Nach Fossilienfunden in den 60er und 70er Jahren in der Grube Messel bei Darmstadt, die inzwischen Weltkulturerbe ist, begann ich in dem neuen Medium „Kopieren" die Funde auf Papier zu übertragen und damit in meinen Improvisationsgruppen Musik zu machen. Es war eine Zeit, in der das Experimentieren und Improvisieren von Musik und Kunst sich stark verbreitete. Mit der Zeit begann ich traditionelle Noten in die Darstellungen der kopierten Fundsachen zu setzen, so zum Beispiel im „Erinnerungen eines Seerosenblattes" aus *Das Quintenbuch* (1989). Ein Kopiergerät konnte vergrößern und verkleinern, das war fantastisch!

Im Verlauf zeichnete ich selbst Landschaften oder Funde aus der Natur und integrierte Notenfolgen hinein, die erzählen sollten, was auf der Zeichnung zu sehen war. So verfuhr ich 1988 auf der Insel La Gomera in den Stücken *Wenn Töne auf Bananenstauden wachsen würden* und *Steiniger Ackerboden*. Später zeichnete ich die Funde direkt aufs Papier ohne vorherige Kopie wie im „Lied der Muschel über die verlorene Perle" aus *Ton-Zeichen* und dann begann ich Zeichnungen aus Formen wie Spiralen, Windungen, Wege, Sterne oder Zeichen herzustellen. Auf einer Ausstellung mit dem Titel „Wahrnehmung Frau" im Schloss Heiligenberg in Seeheim-Jugenheim wurden diese Zeichnungen neben Arbeiten bekannter Malerinnen präsentiert. Zu jedem Bild hatte ich die Musik auf Tonband eingespielt und übertrug sie auf je eine Kassette. So konnten die Besucher sich ein Bild auswählen und mit der zugehörigen Musikkassette zu jedem Bild die Musik auf dem Kassettenrecorder anhören. Später einmal hat die Malerin Barbara Bredow in ihrem Atelier die Kassetten alleine gehört und dazu Stiftzeichnungen angefertigt. In meiner Arbeitsphase mit elektroakustischen Kompositionen, zu der mich der Komponist Nikolaus Heyduck brachte, legten wir dann in unseren Gemeinschaftsprojekten die Fossilienmelodien auf ein Sample und konnten damit die unterschiedlichsten Klangfarben kreieren. Das war eine äußerst kreative und begeisterungsvolle Zeit: Glas-, Stein-, Holz-, und

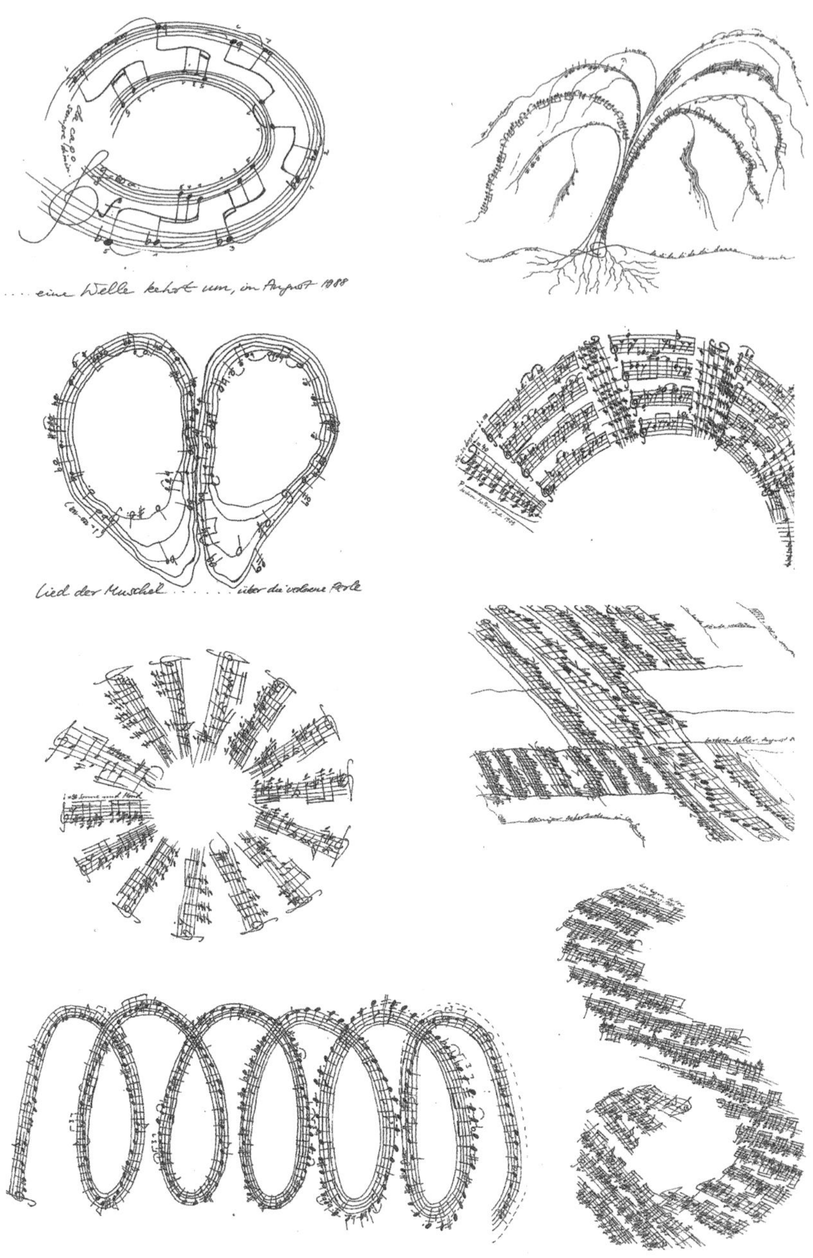

Ton-Zeichen, Furore Verlag, Kassel

Wasserklänge waren meine Favoriten. Aus all diesen Erfahrungen wuchs dann mein Bedürfnis, nur noch Klänge außermusikalischer Klangkörper zu sammeln und damit Musik zu machen. Der Klang von über Heizkörper geriebenen Glasflaschen klang in einem Gewölbe wie Chöre aus der Ferne. Ein mit einem Kieselstein geriebener gebrannter Ziegelstein tönte wie eine außerirdische Singstimme. Faszination pur an Allem was klingt. Musik. Klangkunst. Hören. Hörkünstler.

Die Sammlung *Ton-Zeichen* selbst wurde mit der Zeit immer größer, Mein Freundes- und Kollegenkreis wünschte sich ihnen persönlich gewidmete *Ton-Zeichen*. So entstanden zum Beispiel „Feigenblatt“ für Jolanda Rodio und ihre berühmte Theaterwerkstatt, das am 20.11.1989 in Recklinghausen szenisch uraufgeführt wurde, oder das Tanzstück „für Martina Bolaender“, „Trauer-baum“ für das Belcanto Ensemble sowie „Schlange im Stein“ für die Bildhauerin Eva-Gesine Wegner.

Ich wollte zusammen mit Nikolaus Heyduck meine elektroakustischen Spielereien ausarbeiten. Wir boten sie Salto Records in Kassel an, die bereit waren eine CD zu produzieren, aber sie wollten die Rechte über die Musik haben. Damals wusste ich noch nicht was das bedeutet. Erfreulicherweise hat der Furore Verlag Kassel, zu dem Salto Records gehört, einige *Ton-Zeichen* auf Karten gedruckt und Dias davon hergestellt, damit bei Konzerten die Zeichnungen auf einer Leinwand zu sehen sind. Der Diaprojektor war auf dem Markt! Ich hatte großen Spaß damit und machte aus ein paar Zeichnungen Klaviermusik, die ich auf Tonbandkassetten aufnahm, weil in den meisten Galerien kein Piano zur Verfügung stand. Die echte Krönung war dann am Ende der „Deutsche Musikeditionspreis Best Edition 1996“ für den Furore Verlag Kassel, der den Mut hatte, eine gemischte Ausgabe mit Zeichnungen und Spielpartituren zu machen. Für diesen Mut eines Verlages bin ich heute noch dankbar.

Geschrieben: 2017

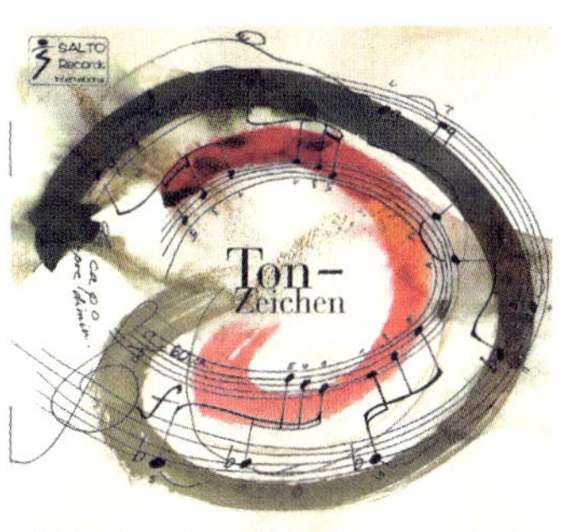

1990
Schmetterlinge
Duo für Flöte und Klarinette

Die Schmetterlinge, in: Programmbuch des 2. Internationalen Komponistinnen-Festival „Vom Schweigen befreit“, Kassel 30.8.–2.9.1990, hrsg. von der Bevollmächtigten der Hessischen Landesregierung für Frauenangelegenheiten, Gustav-Freytag-Straße 1, 6200 Wiesbaden (Programmbuch Seite 66)

Das Stück *Schmetterlinge*, ein „Spiel für zwei Blasinstrumente“, wurde zwischen dem 6. und dem 30. März 1990 im Auftrag des Internationalen Komponistinnen Festivals Kassel „Vom Schweigen befreit“ komponiert. Normalerweise arbeite ich kaum so rasch in so kurzer Zeit. Musikalische Ideen entwickeln sich bei mir sehr langsam und vielfältig, und sie bedürfen eines möglichst uneingeschränkten Zeitraumes, um zu wachsen. Eigentlich hatte ich mir für 1990 vorgenommen, zunächst einmal überhaupt NICHTS zu komponieren, aber viel Musik zu hören, zu studieren, zu improvisieren, zu experimentieren, neue Erfahrungen zu machen. Kurz: zu lernen statt zu leisten! Außerdem arbeite ich am besten und am liebsten, wenn ich Bezug zu den Menschen haben kann, für die meine Musik bestimmt ist.

Anonym für Instrumente zu komponieren, ohne zu wissen wer das Stück spielen wird, ist für mich eher eine unbefriedigende Aufgabe. Hinzu kommt, dass ich mich in den vergangenen Jahren vom Komponieren mithilfe einer traditionellen Notation mehr und mehr zu lösen versuche. Ich strebe nach experimentellen Arbeitsweisen, um die persönlichen Spiel- und Ausdrucksweisen der jeweiligen InstrumentalistInnen unmittelbar zu erleben und dann die für mich daraus resultierenden musikalischen Möglichkeiten mit der Zeit in eine kompositorische Idee zu verwandeln.

An der überlieferten Trennung von Interpretation und Komposition und der dadurch bedingten Isolation – ich erinnere an das Bild des einsamen Menschen, der im stillen Kämmerlein vor sich hin komponiert oder an die Situation der Ausübenden, wenn sie „üben“ müssen – will ich nicht länger leiden. Zudem mache ich die Erfahrung, dass Kreativität im Kollektiv zu sehr bereichernden Ergebnissen führen kann. Deshalb arbeite ich lieber mit anderen zusammen bis hin zu gemeinsamen Kompositionen.

Seit Jahresbeginn 1990 geschieht das in verschiedenen Formen: In einem Duo für Gitarre und Flöte experimentieren wir an der Realisation von „Steine und Eidechsen“ (teils notiert, teils grafische Vorlagen); mit einer Geigerin arbeite ich an einem Solostück, das sie sich wünscht. Die Möglichkeit, am Flügel zusammen mit irgendeinem anderen Instrument zu improvisieren, nutze ich bei jeder Gelegenheit, sei es eine Blockflöte oder ein Saxophon, ein Cello oder eine Geige. In diesem Sommer kann ich erfreulicherweise eine erste Aufführung solcherart gemeinsam geschaffener Musik erleben: die Kollektivimprovisation und Komposition für großes Ensemble nach meiner grafischen Partitur mit verbalen Anweisungen *Im Feuer ist mein Leben verbrannt.*

Obwohl es mich aus all diesen Gründen zurzeit nicht so stark interessiert, traditionell notierte Musikstücke zu komponieren, schrieb ich dennoch das Duo *Schmetterlinge* – vor allem deshalb, weil es ein honorierter Kompositionsauftrag war und ich auf eine längere intensive Zusammenarbeit mit den ausführenden InstrumentalistInnen hoffte, die jedoch leider nicht möglich war. Damit bleiben die *Schmetterlinge* eine Art Entwurf aus dem sich vielleicht mit der Zeit – wenn ich ihn einmal gehört haben werde – ein instrumentengerechteres Musikstück entwickeln könnte.

Darmstadt, 26. Juni 1990

1990 habe ich sehr viel improvisiert, alleine und gemeinsam mit anderen. Vor diesem Hintergrund sind die *Schmetterlinge* entstanden. Zwei Zitronenfalter vor meinem Fenster gaukelten von einem Blatt zum anderen, schwirrten gemeinsam hin und her, trennten sich, kamen wieder zusammen, flogen parallel oder auseinander; dieses Bild ist auf zwei Blasinstrumente übertragen.

Im selben Jahr lebte die rumänische Komponistin Myriam Marbé in Mannheim, als Stipendiatin der Stadt. Wir trafen uns einige Male, um miteinander über das Komponieren und das Leben zu sprechen. Ich habe viel von ihr gelernt und einiges davon ist in die *Schmetterlinge* eingeflossen. Zum Beispiel habe ich das senza-misura-Pausenzeichen von ihr übernommen und versuchsweise auch den Stil der freien Improvisando-Teile. Wer ihre Musik kennt, kann ihren Einfluss auf mich heraushören. Der „Gassenhauer“ am Ende ist in der Bedeutung wie meine Unterschrift zu verstehen. Die *Schmetterlinge* gibt es ebenfalls in einer

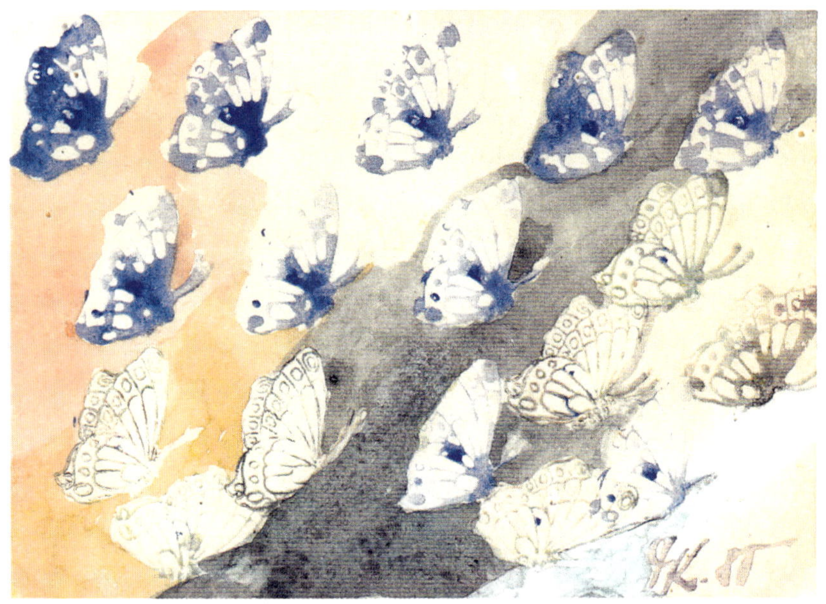

Titelbild der Notenausgabe *Schmetterlinge*: Ein Geschenk des Malers Miodrag Kolb

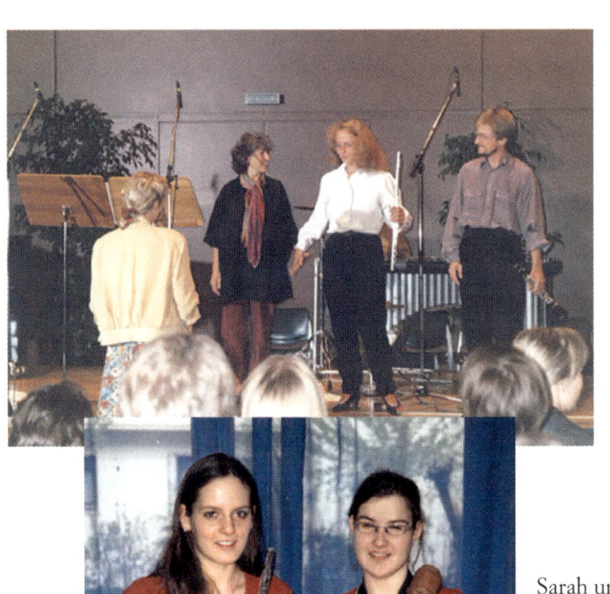

UA *Schmetterlinge* Kassel „Vom Schweigen Befreit" 31.8.1990 Von rechts: Roger Rower, Klarinette, Rita Eggenweiler, Flöte, Barbara Heller und Roswitha Aulenkamp (mit Rücken)

Sarah und Denise entdecken und spielen *Schmetterlinge* im Wettbewerb

Version für zwei Querflöten in C und G, die der Flötistin Kathrin Gehrke in Detmold gewidmet sind.

Ein originelles Erlebnis wurde mir mit dieser Komposition geschenkt. Es klingelte eines Sommertages an meiner Tür. Ich öffnete. Zwei junge, etwa 12-jährige Mädchen standen mit Blockflöten vor der Tür, begrüßten mich und fragten, ob sie mir vorspielen dürften. Überrascht antwortete ich: „Ja, wo kommt Ihr denn her?" – „Aus Weinheim, mein Vater hat uns mit dem Auto gebracht." Sie spielten mir die *Schmetterlinge* in einer selbstgekürzten Version für zwei Blockflöten vor, um zu fragen, ob ich das erlaube, weil sie im Musikunterricht ihrer Schule die Aufgabe hatten, für ein Schülerkonzert etwas von einer Komponistin zu spielen. So hatten sie in Mannheim die dortige Städtische Musikbücherei aufgesucht und den Katalog „Musik ist weiblich" durchgesehen. Das Heft mit den Schmetterlingen hatte ihnen gefallen. Nur war die Musik etwas zu lang, also kürzten sie das Stück. Dieserart Ereignisse betrachte ich als Geschenke des Lebens. Sie haben mich dazu veranlasst, sie aufzuschreiben und zu sammeln. Wir Menschen sind wohl auf vielfältige Weisen verbunden, die uns gar nicht bewusst sind.

Text für ein Portraitkonzert in Trossingen und Balingen, 1997

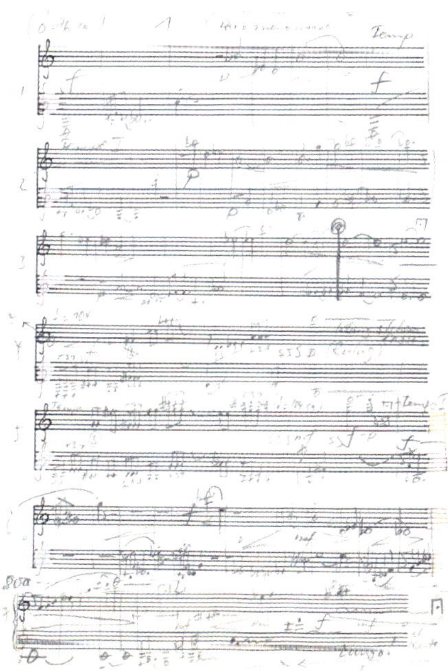

1991
Un poco
Piano solo

Uraufführung: Marianne Schroeder, 23.11.1991, Sender Freies Berlin (SFB) in der Sendung „Montags live".

Un poco handelt vom Nachspüren, vom Nacherleben, von den Reaktionen auf vorhergegangene Klangereignisse und von den Energien, die diese Nachwirkungen haben. Bis 1990 hatte ich recht viel Klaviermusik geschrieben. Dann begeisterte mich die reine Klangfarbe Klavier nicht mehr. Ich begann zu experimentieren, indem ich laute Töne oder Tonketten in das Klavier hineinwarf und dem Nachklang lauschte, den ich mit einer Echomaschine verstärkte. So war das aggressive Anschlagen der Tasten zu hören, und direkt danach nur noch der Nachhall des Ereignisses. Das wirkte wie eine Pause, um das Hören zu genießen, ohne hören zu müssen, weil nichts geschah.

Un poco ist die „wortlose Erzählung" vieler unterschiedlicher Gefühle, die bruchstückhaft auftauchen, verschwinden, immer „un poco", ein wenig Zeit und Raum um sich versammeln. Alle „Emotionen" werden nur „un poco" skizziert, sind nur „ein bisschen" eingeblendet und werden beständig durch Pausen fragmentiert.

Un poco entstand 1991 als Auftragswerk der Sender Freies Berlin (SFB) und RIAS (Rundfunk im amerikanischen Sektor). Ich habe der Komposition eine persönliche Widmung vorangestellt, als Erinnerung an die Ermordung von fünfzig Frauen 1989 in Teheran: „Nelkenblume", eine Strophe aus einem persischen Volkslied, das mir eine persische Frau im Januar 1989 vorgesungen hat. Die Melodie dieses Schlaflieds *Lalai* werde ich mein Leben lang nicht vergessen.

Da mir der reine Klavierklang nicht mehr genügte – er kam mir plötzlich sehr klanglos vor –, erlebte ich irgendwie eine Erneuerung des Hörens und bevorzugte andere Klangereignisse. Eine Zeit lang ging ich auf Klangsuche. Ein Glasklang wurde zum intensiven Hörerlebnis wie dann auch Wasser-, Holz- und Steinklänge. Ich machte Aufnahmen davon und hörte sie nächtelang an. Es war wie eine Sucht. Um Tonbandkompositionen daraus zu machen, brauchte ich mehr Technik. Die aber lenkte mich vom kreativen Seinszustand ab. Dennoch gelang mir mit meinem simplen Vierspur-Kassettenrekorder ein *Klangzeichen* als permanente

Hörsignatur für die Ausstellung „The language of Goddess“ der Archäologin Marija Gimbutas (Frauenmuseum Wiesbaden vom Sommer 1993 bis Frühling 1995). Dank dieses Auftrags konnte ich meine Lieblingsklänge Wasser, Glas und Stein verewigen. Langsam wendete ich mich der Tonbandkomposition und elektroakustischen Musik zu und entschloss mich, mit Nikolaus Heyduck zusammenzuarbeiten, der schon längere Zeit versuchte, mir die Möglichkeiten elektroakustischer Musik näher zu bringen. In seinem Studio realisierten wir gemeinsam im Laufe von etwa zehn Jahren einige elektroakustische Stücke für Klanginstallationen, wie: 1994 *Hörstationen*, 1995 *Stein auf Stein*, 1997 *Willkommen im Paradies.*

Dabei machte ich die Erfahrung, dass mich die Beschäftigung mit der Tontechnik vom kreativen Fluss des Musikmachens fortführte. Auch die Anwesenheit eines anderen Menschen irritierte mich. Ich war gewohnt, meine Schaffensprozesse alleine auszuführen und konnte besser ganz alleine arbeiten. War ich deshalb nicht fähig zu direkter kompositorischer Zusammenarbeit? Bei all der notwendigen technischen Arbeit stagnierte in mir der Fluss der Kreativität. Warum sollte ich nicht weiterhin für die Kunstinstrumente schreiben, indem ich sie mit anderen Augen betrachte?

Geschrieben: 2019

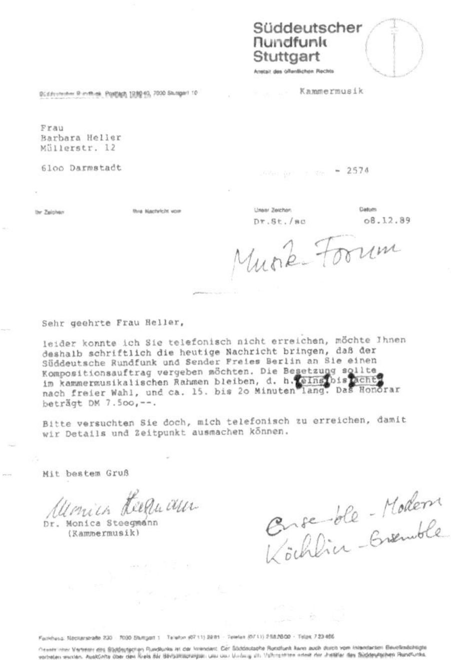

Süddeutscher Rundfunk Stuttgart
Anstalt des öffentlichen Rechts

Kammermusik

Frau
Barbara Heller
Müllerstr. 12

61oo Darmstadt

- 2574

Unser Zeichen: Dr.St./sc Datum: o8.12.89

Musik-Forum

Sehr geehrte Frau Heller,

leider konnte ich Sie telefonisch nicht erreichen, möchte Ihnen deshalb schriftlich die heutige Nachricht bringen, daß der Süddeutsche Rundfunk und Sender Freies Berlin an Sie einen Kompositionsauftrag vergeben möchten. Die Besetzung sollte im kammermusikalischen Rahmen bleiben, d. h. eins bis acht nach freier Wahl, und ca. 15. bis 2o Minuten lang. Das Honorar beträgt DM 7.5oo,--.

Bitte versuchten Sie doch, mich telefonisch zu erreichen, damit wir Details und Zeitpunkt ausmachen können.

Mit bestem Gruß

Monica Steegmann

Dr. Monica Steegmann
(Kammermusik)

Ensemble-Modern
Köchlin-Ensemble

1993
Frühlingsrufe
für Altblockflöte

Immer wieder wurde ich nach Musik für Blockflöten gefragt. Die Blockflöte war das Instrument meiner Kinderzeit Ende des 2. Weltkrieges im Odenwald. Sie ist ein besonderes Instrument, das ich sogar 1962 studieren musste, als ich in München ein Aufbaustudium absolvierte. Als Assistentin von Fritz Büchtger an der Jugendmusikschule studierte ich das seinerzeit neue Fach „Rhythmik" und sollte danach als Rhythmiklehrerin angestellt werden. Harald Genzmer gab mir Kompositionsunterricht anhand der Tonsatzlehre von Paul Hindemith. Er empfahl mir Gebrauchsmusik zu schreiben, damit ich auch etwas verdienen könne. Die ersten Arbeiten waren Stücke im Quintenzirkel, damit die Blockflöte auch chromatisch über die Tonalität hinauswachse. Mit der damals äußerst progressiven Blockflötistin Gerda Markus durfte ich experimentieren. Viele Chancen waren gegeben, viele Türen standen für mich offen.

Dreißig Jahre später begegnete mir in Kassel der Oboist und Blockflötist Julien Singer. Er beauftragte mich immer wieder. Durch seine Beharrlichkeit komponierte ich tatsächlich im Verlauf relativ viel für dieses Instrument. Er hielt Kurse in Deutschland und der Schweiz wodurch die Noten sich verbreiteten und die Stücke auch gespielt wurden und bis heute werden. Manchmal wurde ich zu Konzerten eingeladen, wenn Blockflötenklassen an Musikschulen ein Vorspiel machten. Das animierte mich direkt, für Jugendliche gelegentlich etwas persönlich zu schreiben. So entstanden auch die Blockflötenquartette oder die Duette und Konzertstücke wie zum Beispiel *Luftblasen* für Altblockflöte solo. Es war ein Auftrag der Blockflötistin und Herausgeberin Barbara Hintermeier, die für den Schott Verlag Sammelbände erstellt: Am Ende hatte ich direkt Freude mit den Blockflöten. Ich singe gerne und meistens singe ich so vor mich hin ohne es zu bemerken, bis ich plötzlich etwas höre und Gefallen daran finde. Diese vielen kurzen Melodien begann ich auf Wunsch von Julien Singer zu sammeln und machte 1998/99 ein *Hundertmelodienbuch* daraus. Am 9.6.1998 spielte Julien Singer in Bern die Uraufführung. Die größte Freude wurde mir dann von einem Dozenten an der Akademie für Tonkunst in Darmstadt bereitet. Johannes Fischer war bereit, alle 100 Melodien auf den unterschiedlichsten Flöten zu studieren und auf

CD einzuspielen. Ein erstes Jahr lang suchte er nach den Flötenklängen, hat dann die Griffe adaptiert und in einem zweiten Jahr die Melodien im Studio eingespielt. Diese brillante CD wurde 2005 der Notenausgabe des *Hundertmelodienbuch* bei Schott beigelegt. Inzwischen gibt es auch eine separate CD davon (Wergo ALC 51082). Die vielen anderen, meist Altblockflötenstücke, verschwinden in Sammelausgaben meiner beiden Verlage Furore Kassel und Schott Music. Ob ich jemals alle diese vielen ‚Lieder' live hören könnte?

Geschrieben: 2019

2019

Brief an eine Blockflötistin, die ein Portrait mit meiner Blockflötenliteratur machen möchte

Liebe Sabine, hoffentlich nicht „heimatlos"?

Jetzt wollte ich mich nochmals ganz herzlich bei Ihnen bedanken, dass ich diese kleinen Musikstücke und „Heimatlos" einmal so innig gespielt hören konnte. Selbst kann ich (leider) nicht richtig Blockflöte spielen. Und aufgeschrieben habe ich das nur, weil eine Freundin sich wünschte, ich solle ihr doch Musik für Blockflöte komponieren. Sie hat es dann nie gespielt, weil sie so viel Lampenfieber hatte und öffentlich nicht spielen wollte, konnte.

Ich finde, dass die Stücke relativ schwer sind, wegen der vielen Vorzeichen. Dabei sauber zu intonieren, damit man die Dreiklangsketten auch hören kann, finde ich schwer. Und Sie haben gespielt, als wäre es ganz einfach…

Ich glaube, Sie spielen gerne Blockflöte, ja?

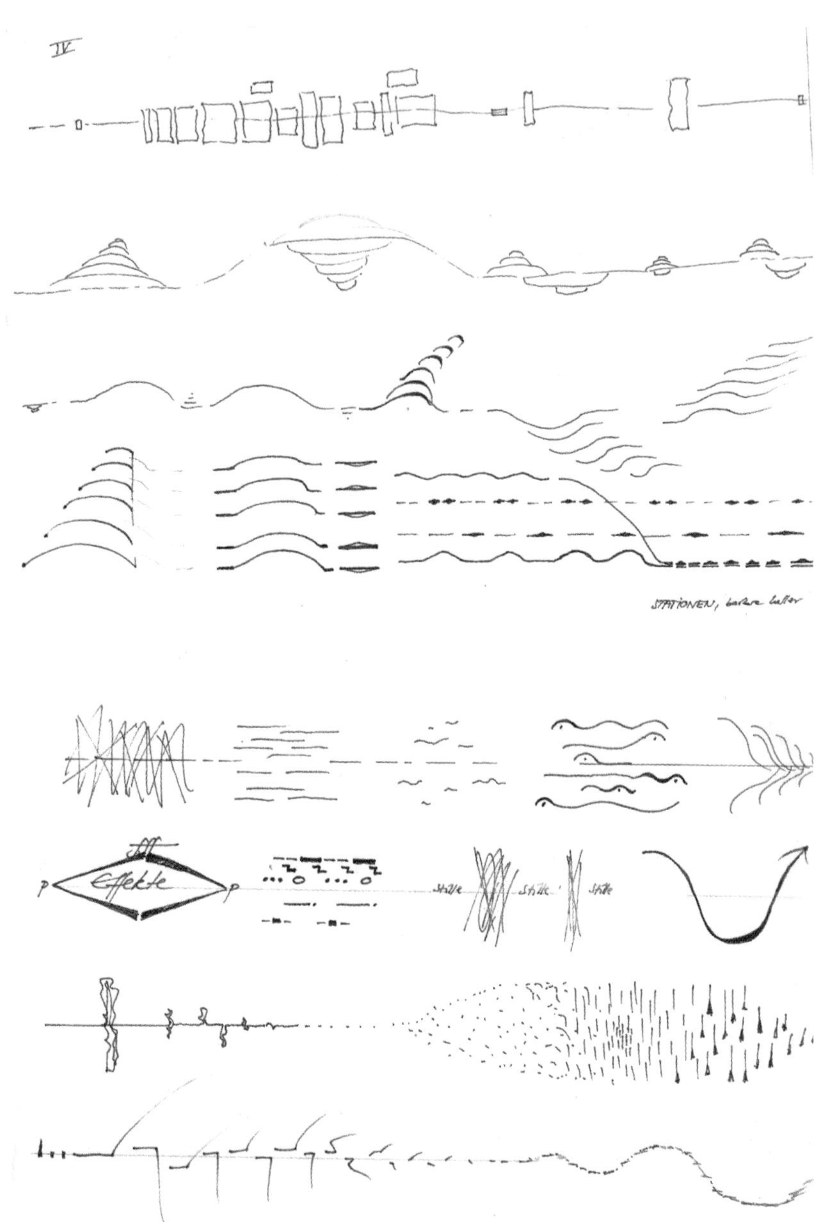
IV
STATIONEN,
sff
p
Effekte
p
Stille
Stille
Stille

1994
Stationen
Grafische Partitur für gemischtes Ensemble

Kompositionsauftrag für das 4. Internationale Musica Rara Festival Erfurt 1995.

Ich bringe gerade Ordnung in die vielen Konzertmitschnitte auf CDs und Kassetten, um eine Art Tonträgerarchiv aufzubauen. Dabei fand ich die Aufnahme eines Konzertes vom 24.11.2006 in Bremen zu meinem 70. Geburtstag mit dem „Barbara Heller Ensemble“. Schon im Sommer 2006 hatte sich das Ensemble für ein großes Heller-Portrait in Berlin gegründet. Die Idee und das Engagement kam von der Oldenburger Bratscherin Ulla Levens, die seit Jahren Kompositionen von mir – vorzugsweise grafische Partituren – spielt und unterrichtet. Sie liebt die Improvisation und hat zur Aufführung der grafischen Komposition *Stationen* ein gutes, differenziertes Konzept mit ihrer Gruppe erarbeitet. Jede der 6 „Stationen“ wurde von dem Ensemble individuell gestaltet.

Es wird mir eigentlich soeben erst klar, dass es so etwas wie „Fans“ gibt, die Musik von mir einfach gerne spielen. Das habe ich lange nicht gewusst. Vielleicht wollen sie aber auch einfach nur in die Szene kommen und denken, mit meinem Namen würden sie das erreichen? Denn eine Zeit lang bin ich in der Szene der Neuen Musik aktiv und bekannt gewesen. Oft sind darunter aber auch InterpretInnen, die wenig Neue Musik kennen und Berührungsängste hatten. Es war mir manchmal peinlich, dass sie sich an mir orientiert haben.

Ursprünglich waren die *Stationen* ein Wunsch der Hornistin Urla Kahl für das ConGioco Ensemble, das am 27.2.1996 in Berlin in der Reihe „Unerhörte Musik“ die Uraufführung gespielt hat. Damals lebte die Cellistin des Ensembles, Susanne Ehlers, noch. Sie hatte selbst viel improvisiert und komponiert und ist leider viel zu früh gestorben. Die geplante Worldpremiere am 14.10.1995 in Erfurt mit ihr war aus Krankheitsgründen ausgefallen.

Am 16.6.1996 hat auch das von Jörg-Peter Mittmann in Detmold gegründete Ensemble Horizonte zu meinem 60. Geburtstag in der Black Box in

München eine szenische Aufführung gespielt und am 2.8.1996 in Kassel in der Documenta-Halle eine konzertante Aufführung. Für mich ist es jedes Mal ein Geschenk, da ich mit der grafischen Notation ja nur die Initiation und den formalen Rahmen gegeben habe. Als seltenes Glück betrachte ich die Einspielung mit diesem Ensemble im Hessischen Rundfunk.

Dieses Geburtstagsjahr hat mir noch Aufführungen in Berlin auf dem Kunstschiff Anna und in Nürnberg mit Robert Keilhofer beschert. Es ist eine besonders wertvolle Erfahrung, wenn InstrumentalistInnen etwas im Repertoire behalten und mehrere Aufführungen spielen. Mit den *Stationen* machen sie dann jedes Mal ihre eigene Musik. Dabei ist es im Grunde ungerecht, wenn auf dem Programm mein Name erscheint, denn die Kreativität der Interpretierenden ist gefordert. Es wäre auf jeden Fall bedeutsam, wenn das Publikum informiert würde, dass von mir nur die Initiation und eine gewisse Formgebung stammt, die Musik aber im Moment der Aufführung von den Ausführenden und ihrer Musikalität frisch und live geschöpft wird. Ich mache jetzt keine Grafiken mehr, sondern schreibe wieder in traditioneller Notation.

Geschrieben: 2008

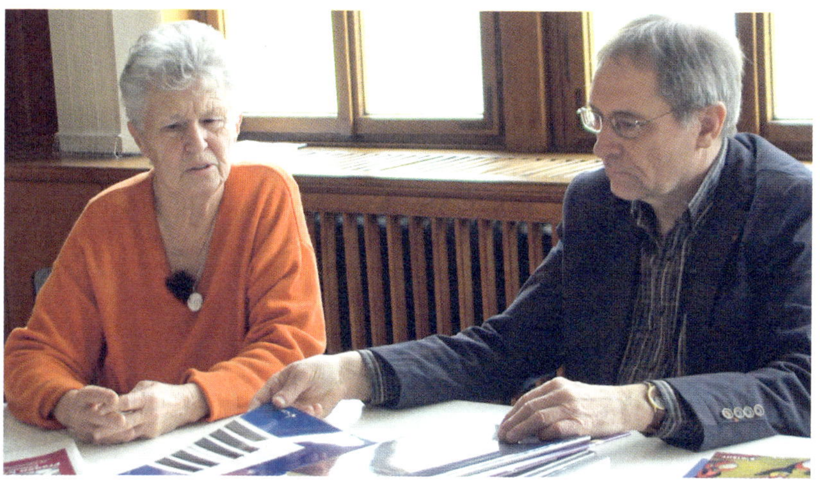

Mit Rainer Mohrs im Schott Verlag, Mainz (Foto: Lilo Mangelsdorff)

1996
Selbstgespräch
Solo und Duo für Flöte/Klarinette

Alle diese kurzen Stücke für Englischhorn sind teilweise auf der Oboe d'amore zu spielen. *Selbstgespräch* gibt es zudem noch in Versionen für Klarinette oder Altblockflöte im Furore Verlag, ebenso eine Duofassung für Klarinette und Flöte. Das „Bittgebet" aus *Englischhorn – Solo Album* (1998) ist gut mit Flöten zu spielen. Der „Traum" war ursprünglich eine Widmung für Oboe an Julien Singer. „Für Ellie" und *Wenn Töne auf Bananenstauden wachsen würden* befinden sich bereits in der Sammlung „Musik für Blockflöten Band 2" im Furore Verlag und in der Ausgabe „Fünf Stücke für Oboe" (fue 170). Die „Umspielungen" sind eine von vielen möglichen Realisationen von „Improvisando" aus den *Kartenspielen* (fue 150). „Labyrinth" aus *Englischhorn – Solo Album* ist ursprünglich für Baßflöte komponiert.

Liebe Renate*,
zu jedem Stück etwas zu sagen (siehe oben), finde ich etwas komisch. Ein anderer Vorschlag: Alle diese kurzen Stücke für Englischhorn sind teilweise auch auf der Oboe und Oboe d'amore zu spielen, oder sogar auf dem Heckelphon. Einige werden auch mit Querflöte oder Blockflöte geblasen und das *Selbstgespräch* gibt es in einer Duoversion für Klarinette und Flöte im Furore Verlag Kassel. Dieses Album möchte ich Julien Singer (Kassel/Bern) widmen zum Dank für seine wertvollen Anregungen. Ich überlasse Dir nun noch ein Extrablatt, auf dem zu jedem Stück die komplette Story notiert ist für Deine Verlagsrechte und als Information. Ins Vorwort gehört das nicht.

Selbstgespräch ist ein kurzes spielerisches Konzertstück und für erste Experimente mit improvisatorischer Spielweise auch im Unterricht geeignet. Mittelschwer. Die Klarinettenstimme ist traditionell notiert. Sie wird relativ solistisch geblasen. Die Flöte wird nach kurzem Anlauf immer freier und umspielt die Klarinette quasi improvisatorisch mit langen, ruhigen Tönen in einer abwärtsgerichteten Geste mit großer Ruhe. Sie bleibt frei und ungemessen in der Zeit: senza misura. Die Taktstriche dienen nur der visuellen Orientierung für ein gutes Zusammenspiel. Nach Belieben kann die Flöte auch eigene Umspielungen mit kleinen Gesten aus der Klarinettenstimme einfügen. Das Duo bleibt nach dem kurzen Vorspiel immer synchron.

Nach Möglichkeit sollen die 2 Instrumente nie zusammentreffen. Alle langen Töne (o) sind ruhig – lang und frei in der Zeit. Alle kurzen Töne (●) sind quasi auftaktisch – kurz und frei in der Zeit. Orientierung für ein gutes Zusammenspiel.

Geschrieben: Oktober 1999

* Renate Matthei, Gründerin und Leiterin des Furore Verlag Kassel.

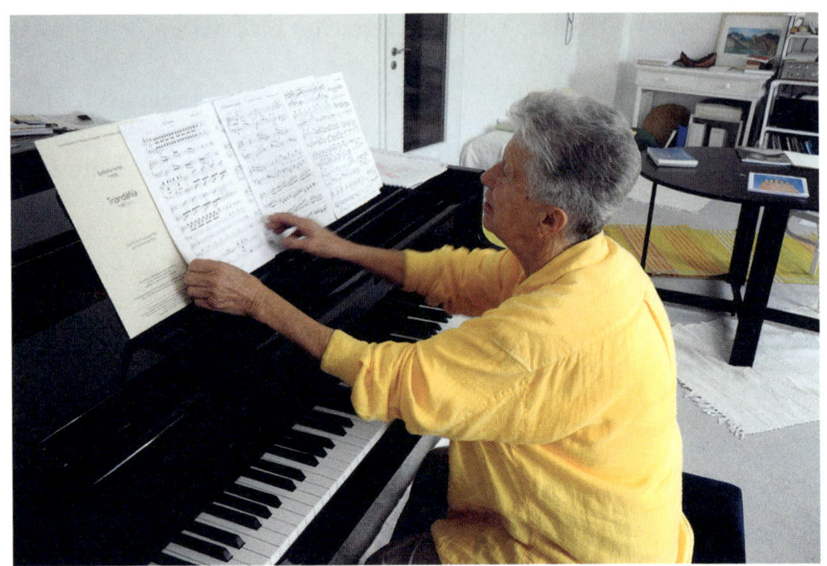

Die gedruckten Noten von *Triandáfila* (30-blättrige Rose) sind gekommen! (1997)
Foto: Renate Bayer

1997
Triandáfila
Duo für Horn und Flöte

Es gibt Musiken, die für gewisse Anlässe komponiert sind und danach nie mehr gespielt werden. Wie schade!

Triandáfila war ein Auftrag der italienischen Komponistin Ada Gentile, anlässlich ihres „18. Festival di Musica Contemporanea Nuovi Spazi Musicali" ein Duo für Horn und Flöte zu komponieren. Es wurde am 30.10.1997 in Rom mit der Flötistin Carin Levine und der Hornistin Urla Kahl gespielt. Ada Gentile hatte ich im Sommer 1990 in Montepulciano kennen gelernt, als Hans Werner Henze sein jährliches „Complesso strumentale dell'Istituto Communale di Musica" den Komponistinnen widmete. Urla Kahl hatte mir schon 1994 einen Kompositionsauftrag für ihr ConGioco Ensemble erteilt und die grafische Komposition *Stationen* 1995 in Erfurt uraufgeführt. Als hervorragende Improvisationskünstlerin spielte sie auch am 8.2.1996 in Weimar bereits die Uraufführung der grafischen Spielpartitur für ein oder mehrere Soloinstrumente *Domino* (1993) und nahm das Werk in ihre CD „Domino" bei Salto Records International auf.

Daher fühlte ich mich verpflichtet – Ehrensache! – diesen Auftrag anzunehmen. Leider hatten beide Instrumentalistinnen keine Zeit für mich, damit ich diese Bläserkombination einmal hätte hören können. So hatte ich niemanden zum Experimentieren und versuchte mir alles im Kopf vorzustellen, um eine fertige, ausnotierte Partitur abzuliefern. Im Gegensatz zu den melodiösen Möglichkeiten der Blasinstrumente wurde daraus eine sehr rhythmische, horizontale Klangfarbenmusik.

In der sogenannten Worldpremiere im Oktober 1997 in Rom bin ich nicht gewesen. Später konnte ich das Duo einmal in Darmstadt hören, als es auf den „Tagen für Neue Musik" der Akademie der Tonkunst von einem sehr guten Hornisten und Flötisten gespielt wurde. Es war in der Zeit einer Krise. Es ging mir sehr schlecht und ich konnte nicht Auto fahren. Eine Kollegin hat mich abgeholt, saß mit mir im Konzert und fuhr mich nachts auch wieder nachhause. Ich war sehr aufgeregt, konnte aber auch gut hören, dass es trotz einiger schwacher Momente in der Komposition eine gelungene Arbeit geworden war. Ob es ein Ladenhüter wird?

Geschrieben: 2003

1998
Come una Colomba – Wie eine Taube

Liederzyklus nach Gedichten von Giuseppe Ungaretti in der deutschen Übertragung von Ingeborg Bachmann

In den 1990er Jahren interessierte ich mich wieder für traditionelle Instrumentalmusik und ich wagte es auch, nach vierzig Jahren Lieder zu machen, weil ich wiederholt danach gefragt wurde.

Ein Auftrag des schweizerischen „Klang-November Aarau" neue Lieder zu komponieren, forderte mich im Frühsommer 1998 total heraus. Es war bereits der dritte Kompositionsauftrag für Lieder und ich hatte jedes Mal abgelehnt. Erste Lieder gibt es bisher nur aus meiner Jugend- und Studienzeit.

Das weite Feld von Sprache und Musik hatte ich in all den Jahren brach liegen lassen. Denn wie einen Text verlautbar machen, ohne ihn zu deuten? Früher, 1958, komponierte ich in jugendlichem Leichtsinn Klavierlieder auf Hermann Hesse-Gedichte ohne Scheu. Aber heute, 1998, ist Poesie für mich bereits Musik. Warum also noch den Worten Töne und Klänge beifügen, wenn der Text und sein Inhalt für mich wie Musik klingen?

Die Schweizer Sopranistin Ruth Amsler war an der Entstehung dieser sieben Lieder in großem Maße beteiligt. Ein Pfeil traf mich mitten im Herzen, als sie mir per Telefon eine Zeile aus „Quiete/Ruhe" von Giuseppe Ungaretti vorlas. Seine Gedichte berührten mich intensiv. Ruth Amslers Stimme entsprach meinen inneren Vorstellungen. Alles das: ein Glücksfall! Zudem befand ich mich gerade in einer sehr poetischen Situation: Es war ein friedlicher, warmer, fast südlicher Sommer; große Stille überall, eine wahrhaft offene, musische Atmosphäre. Ideal für eine Sensibilisierung, mit der ich „Einfälle" erst wahrnehmen, erhören kann. So ließ ich in einigen Sommernächten die Lieder durchs offene Fenster hereinströmen, wo sie auf dem Notenpapier landeten (*... Wie eine Taube ...*). Wenige Wochen zuvor hatte ich in Speyer den Dichter Artur Schütt beim Vortrag seiner Gedichte gehört. Er sprach auf eine Art und Weise, dass die Worte nicht gedeutet klangen, aber sich selbst ausdrückten. Dieses Hörerlebnis brachte mich auf die Idee, Passagen aus den Gedichten sich selbst singen zu lassen. Die Klavierstimme dazu ist sehr sparsam gearbeitet, wie ein Rahmen. Sie formuliert nur einen Raum, in dem die Stimme singt, ähnlich dem gestalteten Ort, an dem ein Gedicht vorgelesen wird. Mit einer solchen Leichtigkeit habe ich bisher nie komponiert. Ruth

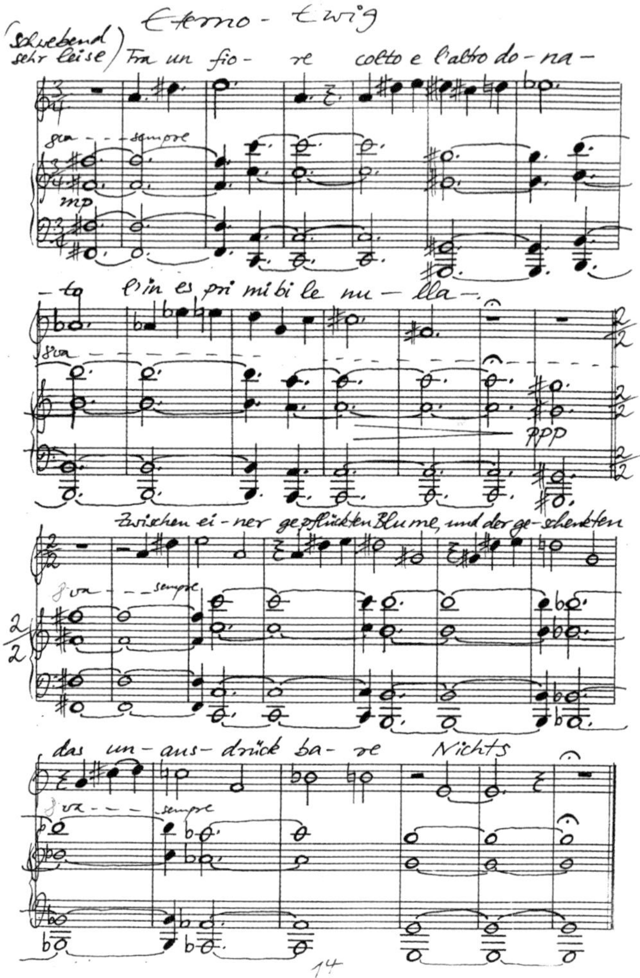

Amsler hat es am Ende treffend formuliert: „Es ist dunkel. Zünde eine Kerze an und alles wird sichtbar, was vorher schon da war.“ Könnte es sein, dass die Musik schon immer in Ungarettis Gedichten geruht hat? Ich habe nur eine Kerze angezündet!

Zur Uraufführung am 10. November 1998 in Aarau war ich eingeladen und sehr glücklich. Die Sängerin traf exakt die Atmosphäre und hatte mit der Pianistin Anna Merz eine konzentrierte, einfühlsame Partnerin, so dass es gelang, Stimme und Klavier als eine Einheit zu gestalten.

Wenn eine Komposition am Ende die Partitur verlässt und real als Musik derart erklingt wie sie mein Herzblut ist – wie wäre das zu beschreiben?

1998/99
Hundertmelodienbuch

„Ich hole tief Luft und lasse es strömen…“

Als Kind war die Blockflöte mein erstes Instrument. Ich durfte lernen, allerlei Lieder und Melodien darauf zu spielen. Später habe ich sie weniger gemocht. Ihre Klangfarbe war mir zu rau und eintönig. Dann – als sie in der Neuen Musik zum Kunstinstrument avanciert war – habe ich sie gehasst. Dennoch bemühte ich mich in den frühen 1990er Jahren, dem Wunsch einiger BlockflötistInnen nachzukommen und komponierte versuchsweise ein paar Stücke in der Manier neuer Spieltechniken, die mir bis heute eigenartig fremd bleiben, da ich sie als konstruiert empfinde. In der Folgezeit ließ mich die Blockflöte nicht mehr in Ruhe. Ich begann spontan Melodien aufzuzeichnen, die mir in offenen Momenten zuflogen. Und jene BlockflötistInnen spielten mir von Zeit zu Zeit dann meine Notizen auch vor. So lernte ich nach und nach wieder die Blockflöte zu lieben. Deshalb sei an dieser Stelle mein großer Dank an Johannes Fischer, Ingrid Hecht, Marion Haesloop, Petra Koch, Christiane Martini, und Julien Singer gerichtet.

Eine Weile nahm ich gegen Abend oft die Blockflöte in die Hand und versuchte sehr amateurhaft lange Töne zu blasen, denn das machte mir Freude und führte zu großer innerer Ruhe. Mit der Zeit ließ ich mich spontan, nach einem lange ausgehaltenen Ton einfach weiterspielen, was da so daherkam. Die Spielerei wurde zum Ernst und ich begann auch abstrakte melodische Figuren aufzuschreiben. Inspiration dazu holte ich mir an meinen Zeichnungen „Klangrosetten“, die ich zigfach abends, wenn ich nicht komponieren konnte, auf Papier gebracht hatte. Je ein Bild und eine Melodie zusammen pro Seite, so legte ich das Buch an. Am Ende hatte ich derart viele Ideen, dass ich den Entwurf mit etwa 30 Titeln im Schott Verlag vorzeigte und fragte, ob dort ein Interesse nach einem Einzelheft mit 100 Blockflötenmelodien bestünde. Bislang waren die bereits komponierten älteren kleinen Blockflötenstücke alle in Sammelbänden verschwunden. Als Antwort erhielt ich ein deutliches „Ja, aber dann müssen es auch unbedingt 100 Melodien sein, und ohne diese Zeichnungen.“

Eine schwere Entscheidung folgte. Die „Klangrosetten“ waren mir wichtig. Ich hatte sie in entspannten Momenten und ohne etwas zu wollen aufgezeichnet. Meine Wände waren damit geschmückt. Es war eine

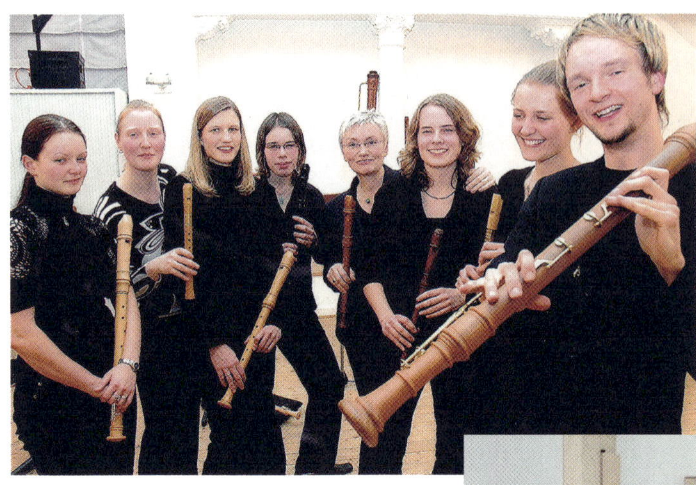

In der Folkwangschule Essen, Studierende mit der Professorin Gudrun Heyens, 2006

Mit Johannes Fischer (Foto: Eva Korn)

ganz private Herzensangelegenheit. Für mich empfand ich es passend, beides zusammen auf ein Blatt zu setzen.

Ob ich Malerin oder Komponistin sei, wurde ich gefragt… Nun, es war mir klar, nicht verstanden worden zu sein. Schlicht und einfach wollte ich nur etwas anderes als das übliche Notenheft und ich war mir sicher, dass es als Anregung fruchtbar sei, wenn während des Spielens auch die Zeichnungen zu sehen seien. Ich hatte die Wahl. Manches Mal im Leben braucht es auch Einsichten oder die Erfahrung einer Kapitulation zu machen. Glücklicherweise gelang es mir auf die Zeichnungen zu verzichten. Die Notenausgabe *Hundertmelodienbuch* ist sehr schön geworden, und die Grafiker im Verlag haben ein paar Zeichnungen für die Titelseite verwendet.

Es ist nicht so einfach zu beschreiben, wie das Ganze entstanden ist. Nach dem Appell von meinem Lektor im Schott Verlag, entschied ich mich dazu, mich ernsthaft darum zu kümmern. Als ich nach ca. 50 Melodien nicht weiter kam, flog ich zur Insel La Gomera, um in Hermigua nahe am Meer in aller Ruhe ganz konzentriert und ungestört noch 50 weitere Melodien zu finden, zu singen, und aufzuschreiben. Eigentlich suche ich schon seit meiner Kindheit nach ewigen Melodien. Weshalb sonst würde ich immer wieder unbemerkt vor mich hinsingen, so lange, bis ich es bemerke und mir dessen bewusst werde. Vielleicht ist dieses Singen auch ein Halt für meine Leben, ein durchgängiger Fluss meines Atems der mir zeigt, dass ich existiere? Ich kann nicht anders und falle daher auch zu oft auf. Die Leute sagen dann: „Ah, Sie haben gute Laune…“ Vielleicht singe ich auch nur, weil ich tatsächlich ein lebensfroher Mensch bin und das oft vergesse. Damit ich mich daran erinnere…?

Durch die kreative und fantasievolle Neukreation der 100 Melodien mit einer CD-Aufnahme aller 100 Titel, die der Blockflötist Johannes Fischer mit professionellem Wissen und Können auf 35 verschiedenen Instrumenten und Blaskörpern im Laufe eines Jahres eingespielt hatte, wurde ich reich belohnt. Damit erreichte er, dass alle Melodien am Stück nacheinander gehört werden können, da die Tonhöhen und Klangfabencharakteristiken von großer Unterschiedlichkeit sind und auch vielerlei Tempounterschiede zeigen. Zudem hat er sich bemüht jede Melodie mit einem eigenen Charakter so zu gestalten, dass es während der gesamten Melodienkette viele faszinierende Momente gibt. Tatsächlich hat er alle Melodien selbst noch einmal erschaffen. Ich hatte sie nur aufgeschrieben.

Am 21. November 2006 wurden mir dann in einem reinen Blockflötenkonzert an der Folkwang-Universität Essen, wo die Flötenklasse von Prof. Gudrun Heyens das *Hundertmelodienbuch* zusammen mit Werken des niederländischen Komponisten Jacob van Eyck (1590–1657) vorstellte, die Melodien auf allerlei hohen und tiefen Blockflöten vorgespielt und ich durfte erleben, auf welche ganz andere Weise sie klingen, wenn sie von außen an mein Ohr dringen, nachdem sie einmal in mir gelebt hatten.

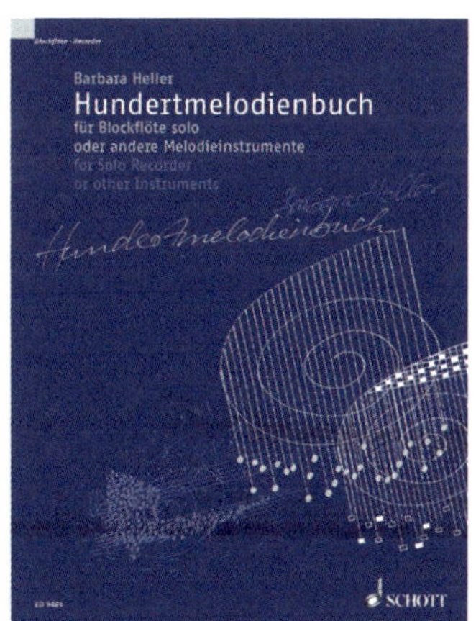

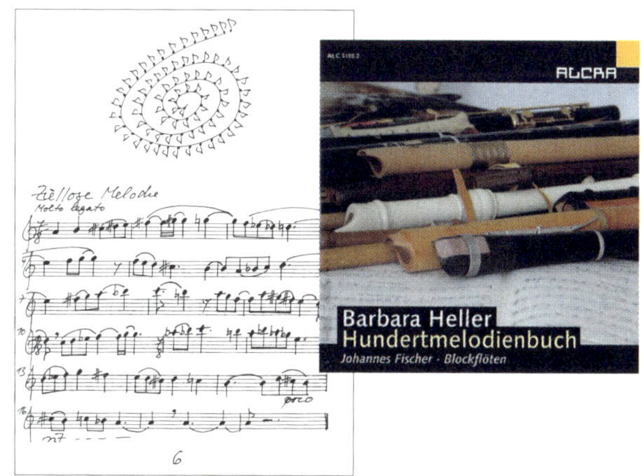

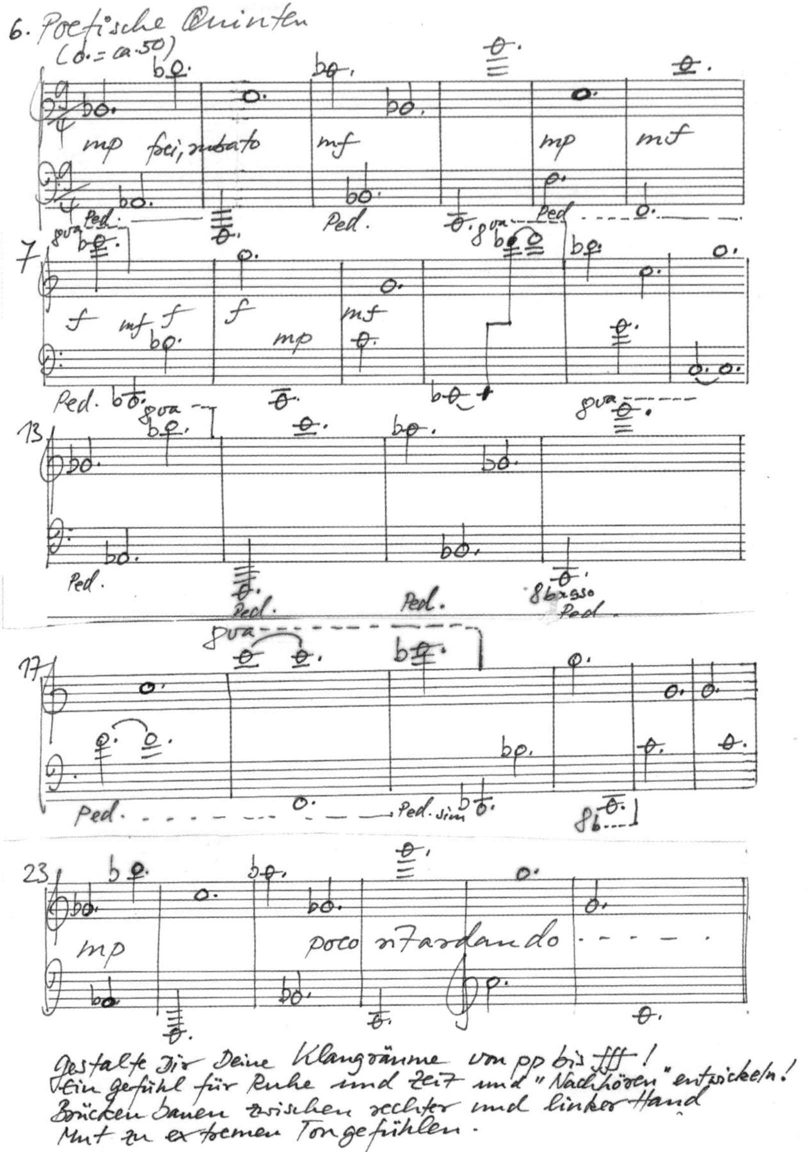
6. Poetische Quinten
(d. = ca. 50)
mp
frei, rubato
mf
f
mf
mp
Ped.
8va
8 basso
Ped. sim
poco ritardando
Gestalte Dir Deine Klangräume von pp bis fff!
Ein Gefühl für Ruhe und Zeit und "Nachhören" entwickeln!
Brücken bauen zwischen rechter und linker Hand
Mut zu extremen Tongefühlen.

2003
Intervallbuch
für Klavier

Jeden Abend lasse ich mir etwas einfallen und probiere am Klavier längere Zeit aus, was sich mit Intervallen machen lässt. Heute zum Beispiel ist es die Idee, aus Terzen Musik zu machen. Dabei stelle ich mir Kinder vor, die noch viel zu lernen haben. Es macht Freude, wenn dabei plötzlich Musik entsteht, obwohl es nur spielerische Versuche am Klavier sind. Inzwischen gibt es bereits mehrere Stücke, auch aus anderen Intervallen, morgen schicke ich sie nach Wiesbaden zu Breitkopf & Härtel, um zu erfahren, ob der Verlag das überhaupt in dieser Art will oder ob ich für eine Veröffentlichung anders arbeiten sollte.

Geschrieben: 2003

1.10.2004
Bisher haben nur Schüler einer befreundeten Klavierlehrerin damit experimentiert. Ich sende heute die Manuskripte noch zu Agathe Rytz und Magdalena Schatzmann in die Schweiz. Ich kenne die beiden Lehrkräfte aus Bern, wohin sie mich 2002 zu einem Portraitkonzert eingeladen hatten, außerdem um Kurse über meine Klaviermusik mit Studierenden der Musikschule in Bern zu geben. Ein Kollege aus Balingen will mir ebenfalls helfen. Ich bin etwas unsicher, da ich eigentlich kaum „pädagogische Musik“ geschrieben habe. 1989 beendete ich meine Zeit als Klavierlehrerin. Inzwischen hat sich die Klavier-Pädagogik verändert!

21.11.2004
Mittlerweile hat der Pianist und Pädagoge Martin Widmaier in Mainz alle Notizen bekommen: zwei dicke Bände, einer für Anfänger, einer für Mittelstufe. Ich möchte ihn als Herausgeber empfehlen. Inzwischen will der Verlag Breitkopf & Härtel jedoch in einem Band weniger Titel publizieren als ursprünglich geplant. Etwas enttäuscht habe ich jetzt eine Auswahl getroffen und sie dem Verlag übergeben. Die Notenausgabe wird von mir heute progressiv angelegt, mit vier bis sieben Titeln pro Intervall. Ich arbeite zu allen Titeln Vorübungen aus und schreibe Hinweise zur weiterführenden Improvisation.

Dezember 2004
Der Verlag gibt mir eine Zusage zur Veröffentlichung, allerdings mit begrenzter Auswahl von jeweils nur vier Titeln pro Intervall. Auch bestimmt er – anstelle meiner abgelieferten Spielanweisungen – eine mir unbekannte Pädagogin für die einführenden Texte. Schade, schade..., ich hatte so lange Zeit intensiv viele Modelle für jedes einzelne Intervall erarbeitet. Es muss eben alles so sein, dass es sich auch gut verkaufen kann. Musik als Ware, jaja, wo komme ich da hin?

Die üblichen 10% Tantieme werden mir auf 8% gekürzt. Nachträglich. Die Begründung: Die Herausgeberin müsse ja auch bezahlt werden. Ich bin erschrocken, weil man es mir erst jetzt, also hinterher, sagt und nicht vor Beginn der Arbeit. „Wir können Ihnen das Heft auch zurückgeben." Nun, das wollte ich denn auch nicht – hätte ich vielleicht tun sollen? Also nur 8%. Erniedrigend.

Inzwischen ist die Notenausgabe erschienen und hat eine gute Presse bekommen, besonders für die Einführungstexte. Meine Spielanweisungen wurden nicht gedruckt. Ich bedaure jetzt, dass noch sehr viele gute Intervallstudien hier liegen, die eigentlich alle in das Intervall-Buch kommen sollten.

2007
Jetzt habe ich mit dem Finale-Notenschreibprogramm von den übrig gebliebenen Intervallspielen die Terzen mit dem Namen *Terz-Spiele* gesetzt und alle als Manuskriptausgabe an eine Förderin gegeben, die Klavierpädagogin Isolde Weiermüller-Backes, die sie im Unterricht verwenden wird.

Im Juli 2008
Ich sortiere die restlichen Quarten-Stücke und setze sie selbst ebenfalls mit dem Finale-Notensatzprogramm als *Quartspiele*. Bisher habe ich relativ viel mit Intervallen weiterkomponiert. Die Sekunde erscheint in mehreren Klangblumen und momentan arbeite ich mit dem Intervall der Sexte. Es ist mir nicht ganz klar, ob ich weiterhin streng mit Intervallen arbeiten werde.

24.2.2009
Die Auseinandersetzung mit Intervallen geht jetzt doch weiter. Aber nicht nur in der Klaviermusik. Die zwei neuen Streichquartette (*La Caleta* und *Patchwork*) sind quasi Studien mit dem Intervall der kleinen und großen Sekunde. Ein Quinten-Quartett schwebt mir vor, aber die Streicher raten mir davon ab, da es sei sehr schwer zu spielen sei.

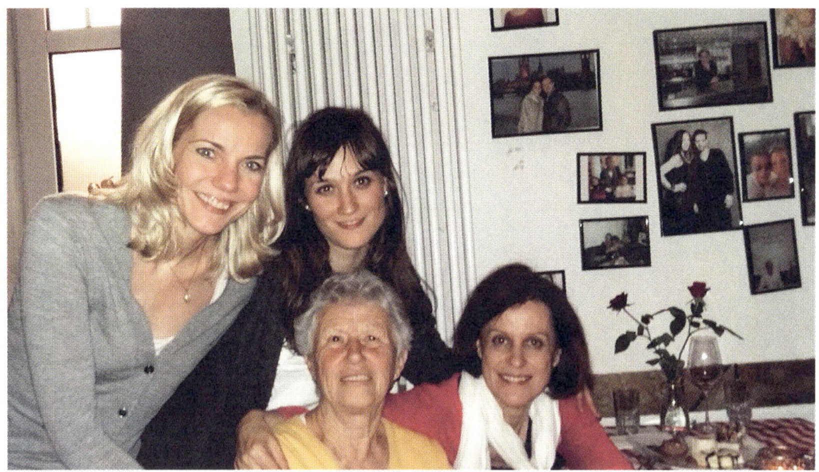

Nach der Einspielung des Klaviertrio *Arriba!* auf die CD *Herbstmusik* mit Gesa Lücker (Klavier), Katharina Deserno (Violoncello), Susanne Stoodt (Violine), Frankfurt 2016

21.8.2012
In der Auftragskomposition *Klangspuren* von Prof. Sontraud Speidel für den Klaviermusikwettbewerb 2013 des Piano Podium Karlsruhe e.V. habe ich sehr viel mit Sekunden gearbeitet. Auch bislang unveröffentlichte ältere Entwürfe wurden mit eingearbeitet. 76 Titel, die alle Uraufführungen sein müssen, für Kinder und Jugendliche im Alter von 5 bis 19 Jahren. Das ist doch eine immense Arbeit und große Herausforderung. Ich war ein komplettes Jahr damit beschäftigt.

Winter 2016
Fast alle nachfolgenden Kompositionen haben ein Intervall zum Ausgangspunkt: Die *Herbstmusik* basiert auf Quarten-Studien, die *Klangspuren* enthalten viele Quint- und Terz-Studien die *Walzer für jeden Tag* einen Septen-Walzer, das Klaviertrio *Arriba!* und die *Minutentrios* die Sekunde und den Tritonus. Es fällt mir leichter, einen Einfall spielerisch zu finden, wenn ich eine strenge Materialbegrenzung praktiziere. Ich möchte mit wenigen Tönen viel sagen.

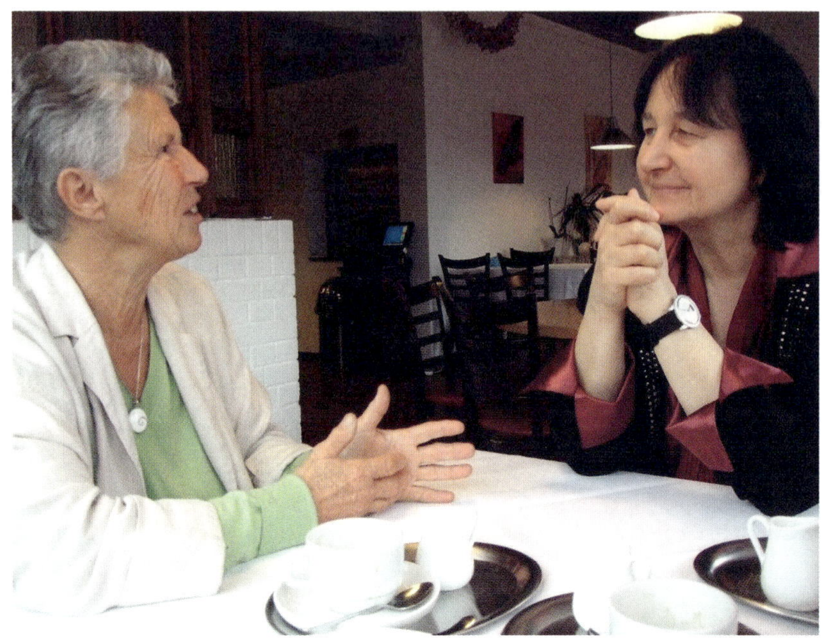

Gespräch mit der Pianistin Sontraud Speidel zum Booklet der CD Weiße Tasten – Schwarze Tasten (Foto: Renate Bayer)

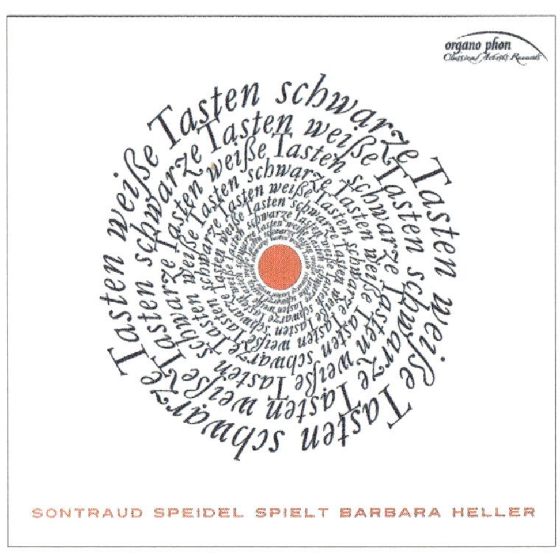

2003
Weiße Tasten – Schwarze Tasten

Die Komponistin Violeta Dinescu, Professorin an der Carl von Ossietzky Universität Oldenburg, schenkte mir eine CD mit ihrer Klaviermusik, eingespielt von dem Oldenburger Pianisten Werner Barho. Gleichzeitig appellierte sie an mich, Kontakt mit ihm aufzunehmen, er sei ein guter Pianist. Ich war erfreut, ihre Musik von einem aufgeschlossenen Musiker zu hören, der sich nicht scheute, auch Musik von Komponistinnen zu spielen und schrieb ihm einen Brief. Seine Antwort war ermutigend, so dass ich ihm einige meiner bisherigen Klaviermusiken schickte. Er aber wünschte sich eine neue Komposition, die ich für ihn schreiben sollte. Nachdem es bisher schon so viel Klaviermusik von mir gibt, hatte ich zunächst keine neuen Ideen. Also fragte ich ihn nach Lieblingsphrasen aus seinem Repertoire. Das waren damals schnelle und virtuose Werke. Inzwischen bevorzuge er jedoch ruhige und stille Musik, schrieb er mir zurück.

Ich tat mich schwer und begann einfach in meinem eigenen Stil Einzelteile zu notieren, die ich weglegte, in der Hoffnung sie eines Tages zusammen zu bringen – für Werner Barho. Wie üblich, wenn mir nichts einfällt, begann ich mit der Quinte. Dann folgte ein kleiner minimalistischer Teil, der eigentlich eher für die Pianistin Deborah Richards passte, die diesen Stil liebte und schon lange auf eine neue Komposition von mir wartete. Da Werner Barho aber ein sehr guter und auch ein technisch fähiger Pianist ist, entwarf ich für ihn einen längeren Teil mit Tremoli, der technisch kompliziert ist. Bei einer Probe hatte er die Idee, mit kurzen Vorschlägen „die braven Klänge" reizvoller zu machen.

Zusätzlich wünschte er sich noch einen Teil zum Improvisieren. Seine Welturaufführung am 23. April 2004 in Odessa (Ukraine) beim „Festival Day and Night" konnte ich nicht erleben. Jedoch erhielt ich am 5. Mai 2004 einen Brief von ihm: „Liebe Frau Heller, das Konzert mit Ihrem Klavierstück war ein Super-Erfolg. Es gab 250 Menschen im Publikum."

Seine deutsche Erstaufführung in Bremen im „Sophie Drinker Institut" anlässlich meines 70. Geburtstages 2006 hat mich begeistert. Seine Art zu improvisieren war äußerst lebendig, kreativ und organisch. In diesem Konzert spielte er auch die Uraufführung der *Spielpläne* so farbig,

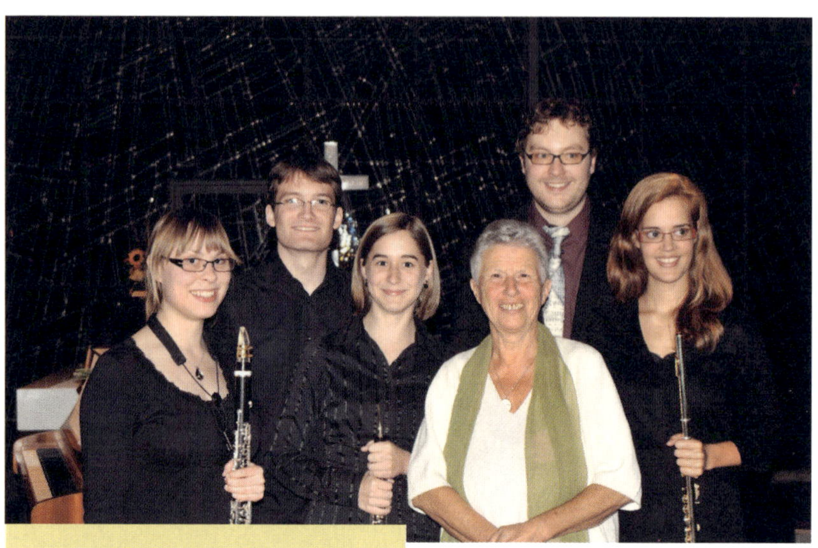

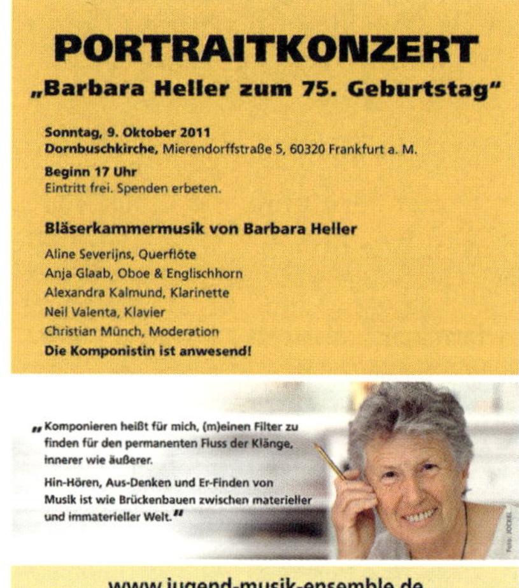

Mit dem Jugend-Musik-Ensemble, V.l.: Anja Glaab, Neil Valenta, Alexandra Kalmund, Barbara Heller, Christian Münch und Aline Severijns (Foto: Oppenheimer)

virtuos und pianistisch vielseitig, dass seine Interpretation bis heute in meiner Erinnerung bleibt. Nachdem der Verlag Schott Music eine Notenausgabe von *Weiße Tasten, schwarze Tasten* veröffentlicht hat, ist das Werk international zugänglich geworden.

Wo und von wem mit gekauften Noten Aufführungen gemacht werden, darüber erfahre ich leider nichts. Erfreulicherweise konnte ich jetzt die Druckausgaben an einige befreundete PianistInnen verschenken, die schon früher gelegentlich Heller-Klaviermusik in ihren Konzerten aufgeführt hatten.

An der Universität in Gießen habe ich es 2008 noch einmal sehr virtuos hören können: in einem Konzert mit Dominic Tamme, einem Studenten des Pianisten Peter Geisselbrecht, der es selbst ein Jahr später in einem Konzert hessischer Komponisten (Hindemith, Heller, Hessenberg) in Pennsylvania (USA) zum Klingen brachte. Jetzt gibt es auch eine CD-Aufnahme von der Komposition, eingespielt von Sontraud Speidel bei organo phon Classical Artists Records. Sehr pianistisch, sehr klar, sehr präzise und überzeugend gespielt. Sie schenkte mir die Aufnahme zum 75. Geburtstag 2011.

2009 hat die polnische Pianistin Maria Kulka-Dziech das Stück in Düsseldorf an der Volkshochschule gespielt. Sie war sehr aufgeregt, da sie gleichzeitig das ganze Konzert zu moderieren hatte. Aber musikalisch holte sie innigst alles Klangliche aus dem Flügel heraus und improvisierte sehr frei im Mittelteil. Extra für mich hatte sie das Werk einstudiert; und ihre Schülerin Doris Schroll machte damit 2011 ihre Pianisten-Prüfung in Krakau (Polen) und spielte es dort auch im Konzert. Eine Reise nach Polen war mir unmöglich. Ihre souveräne, feinsinnige Interpretation konnte ich dann im November 2014 im Steinway-Haus in Düsseldorf hören. Zuletzt erlebte ich die Musik in Oldenburg: am 27. Januar 2017 im Rahmen eines Portraitkonzertes Barbara Heller zum 80. Geburtstag, noch einmal mit Werner Barho, dem Pianisten, für den ich die Komposition geschrieben hatte. Jedes Mal fühlte ich mich reich beschenkt, wenn mir das, was ich einmal auf Papier gebracht hatte, in solch differenzierten Formen zurückgegeben wurde.

Nachdem ich in unterschiedlichen Interpretationen diese Klaviermusik mehrmals hören konnte, hätte ich es gerne auch einmal selbst gespielt und bedauerte sehr, dass ich keine Pianistin mehr war.

Geschrieben: 2017

2004
Walzer für jeden Tag

„Schreib mir einen Walzer für das Schülervorspiel…“ meinte Isolde Weiermüller-Backes im Dezember 2003, als sie mich in meinem Urlaub in Hermigua auf der kanarischen Insel La Gomera anrief. Ich machte das sofort: Es wurde der Abschiedswalzer daraus, ein Trauerwalzer. Ich war gerade in melancholischer Stimmung, kurz vor der Abreise von der Insel, und hatte mich dort wieder einmal mit den Quinten beschäftigt. Später, zuhause in Deutschland, versuchte ich immer wieder, Walzer für dieses Schülervorspiel zu machen. Es tat mir gut, eine klare Aufgabe zu haben, die mich von den Quinten wegbrachte. Ich möchte wieder eine Sprache finden ohne diesen Quintenzwang. In dieser Zeit entstanden viele Walzer. Auch die „Hommage“ für die in Frankreich berühmte Komponistin und Pianistin Wally Karveno, deren Klavierabend in Neustadt an der Weinstraße, bei dem sie französische Klaviermusik und eigene Werke gespielt hatte, mich äußerst inspirierte. Dieser hat mit den anderen Walzern eigentlich nichts zu tun.

Geschrieben: 2004

Juli 2016
Schon lange wünsche ich mir eine CD mit allen Walzern. Jetzt habe ich spontan an Juan Travé gedacht, da Studierende der Hochschule für Musik und Darstellende Kunst in Frankfurt das dortige Aufnahmestudio kostenlos nutzen dürfen. Hätte ich eine CD, dann könnte ich diese Walzer anderen vorspielen. Sie sind ganz einfach und sehr innig, nur so für mich entstanden. Ohne Zweck und Sinn. Auslöser war eine ehemalige Kollegin, die sich für ein Kind nach einigen Monaten Klavierunterricht einen sehr leichten Walzer wünschte für ein Vorspiel.

Auslöser brauche ich immer. Seltener komponiere ich in Folge einer eigenen Auslösung. Entweder wünscht sich jemand etwas (dann habe ich das im Hinterkopf) oder ich will selbst für jemand etwas machen oder für einen Wettbewerb. In Hermigua, einem Dorf auf der Insel La Gomera, habe ich mal alle Walzer auf dem alten kaputten Klavier in der Casa Creativa gespielt – für Ina Stombergs Geburtstag –, und da saßen die

Canarier um mich herum und waren zufrieden. Aber das Klavier dort ist defekt und völlig verstimmt.

Inzwischen spiele ich selbst nicht mehr, kann es auch kaum noch. Das Rheuma (oder die Arthrose?) in der rechten Hand hat die Finger steif gemacht. So typische steife Finger, knöcherig und hart wie es bei vielen älteren Menschen zu sehen ist. Traurig, dass dieses wundervolle Instrument „Hand" so defekt wird mit der Zeit. Eine Hand, die alle Handlungen des Lebens vollführte, die wichtigen und die mechanischen und die unbewussten.

Jetzt bin ich beim Thema „Hand" gelandet. In Köln gibt es eine tolle Pianistin: Gesa Lücker. Sie hat gerade fantastisch bei den Aufnahmen der Trios im Hessischen Rundfunk mitgewirkt und spielt im Duo mit der Cellistin Katharina Deserno die Stücke *Herbstmusik* und *Lalai*. Sie hätte Lust, die Walzer einzuspielen. Davon kann ich nur träumen. Sie fragt, ob ich ein Label habe. Leider nein. Auch davon kann ich nur träumen.

Mit Stolz erfüllt mich allerdings, dass der Schott Verlag mein eingereichtes Cover zur Notenausgabe original übernommen hat. Es beeinflusst doch die Spielfreude, wenn ich ein Notenheft in die Hand nehme, dessen Titelblatt ins Auge geht.

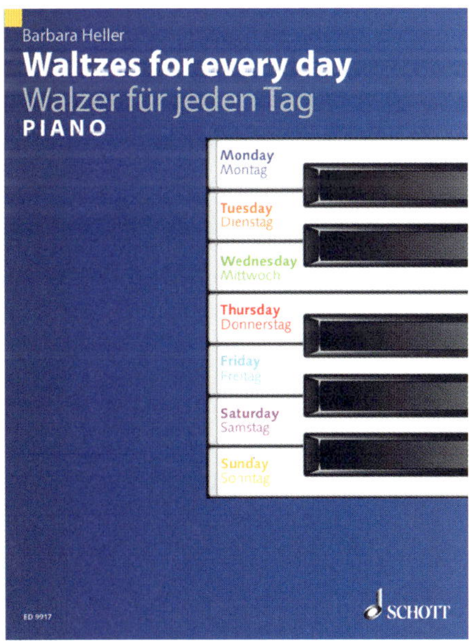

2007
Klangblumen
25 Klavierstücke

Sie breiten sich aus auf Klavieren und Flügeln in den unterschiedlichsten Räumen und Orten, auch bei Menschen, die ich gar nicht kenne…

Immer wieder erzählen mir einzelne Menschen, wie gut ihnen die *Klangblumen* gefallen und dass sie nicht nur ihr Innenleben berühren und bei ihnen besondere Gefühle auslösen, sondern auch Lust machen, selbst zu musizieren. Wie kommt das? Macht es der Freiraum, der in dieser Musik liegt? Gibt es überhaupt einen Freiraum? Entsteht dieses Gefühl nur, weil nicht alles bis ins Kleinste genau ausgeschrieben worden ist, weil das Tempo relativ frei ist, weil manchmal senza misura gespielt werden soll, weil „laut" und „leise" oft nicht angegeben ist? So kann/muss jede Interpretin selbst entscheiden, wie schnell, wie laut sie spielen möchte. Dadurch wird sie eigenverantwortlich *für* ihre musikalische Erfüllung *beim* Spiel. Selbst spiele ich gelegentlich aus dem Zyklus eine *Klangblume* vor, wenn es jemand privat wünscht. So einmal der Malerin Eva Claudia Nuovia, als ich sie im Herbst 2007 besuchte und ihr an einem alten Klavier die einzelnen Stücke vorgespielt habe. Sie zeichnete das Gehörte mit Pastellkreiden auf kleine Blätter. Spontan und ganz ohne Korrektur arbeitete sie, neben mir sitzend, während ich spielte. Davon beeindruckt komponierte ich für sie eine weitere „Blume" des Zyklus: die „Pusteblume". Ihre Freude beim Hören der Klavierstücke spornte mich natürlich stark an. Resonanz tut sehr gut und belebt.

Eines Tages lernte ich die Pianistin Veronika Nünemann kennen. Sie spielte auf eine ganz besondere Weise am Klavier: sehr taktil, innig, ruhig, ausgeglichen leise. Daraufhin änderte ich meinen Arbeitsstil, und die letzten *Klangblumen* des Zyklus erhielten eine andere kompositorische Struktur, als diejenigen davor (Nummer 1–18). Für sie entstand die „Stille Blume", die ich später umbenannte in „Mondlicht". Veronika konnte beim Spielen „Stille Musik" machen.

Die Uraufführung der *Klangblumen* am 22. November 2007 im Wasserschloss Bad Rappenau war für mich ein großer Glücksmoment. Veronika spielte alle Titel hintereinander: sehr, sehr innig und organisch. Sie beseelte nahezu jeden Ton und gestaltete besonders die leisen, ruhigen Teile

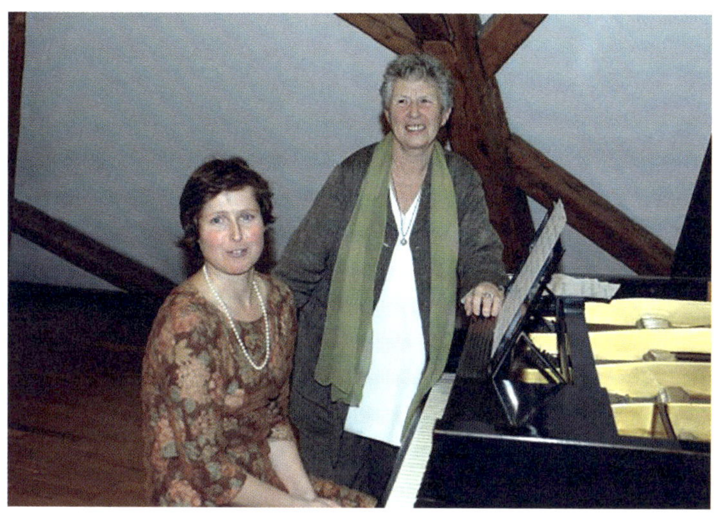

Veronika Nünemann mit Barbara Heller bei der Uraufführung der *Klangblumen* in Bad Rappenau, 2007 (Foto: Monika Köhler)

so intensiv, dass das Publikum völlig still und in sich gekehrt zuhörte und am Ende sehr berührt war. Ich suche nach Aufführungsmöglichkeiten für diese Pianistin und wünsche mir eine Aufnahme der *Klangblumen* mit ihr. Ich habe lange darüber nachgedacht, ob diese ganz anderen *Klangblumen* nun noch in die Sammlung passen oder nicht. Das intensive Gefühl, dass soeben eine starke Veränderung in mir stattfand, führte dazu, das Notenheft mit den bisher komponierten Stücken zu beenden und beim Schott Verlag abzuliefern. Gleichzeitig wollte ich aber auch die neueren Stücke zur Diskussion stellen, was möglich war, wenn ich sie im Heft mit veröffentlichen würde, was ich dann am Ende auch getan habe. Vorab aber spielte ich sie „zur Prüfung" den Kolleginnen und Pädagoginnen Adelheid Astor und Isolde Weiermüller-Backes vor. Beide gaben mir wertvolle Anregungen, auch zur Titelfindung und Reihenfolge, und ermunterten mich zur Freigabe aller Stücke. Ohne ihre Hilfe hätte ich das Ganze vermutlich nie veröffentlicht. Ich hatte mit den „Kleinen Blüten", wie ich die Musik ursprünglich für mich benannt hatte, etwas nur so für mich selbst gemacht.

In diesem aktuellen, offenen Kompositionsprozess probierte ich viele Formen aus und entschied mich, weiter an den *Klangblumen* zu arbeiten und eine Fassung für Klavier und andere Instrumente zu machen. So entstanden die Versionen für Klavier und Flöte, Klavier und Violine, Klavier und Klarinette. Ich würde noch gerne ein Trio daraus machen.

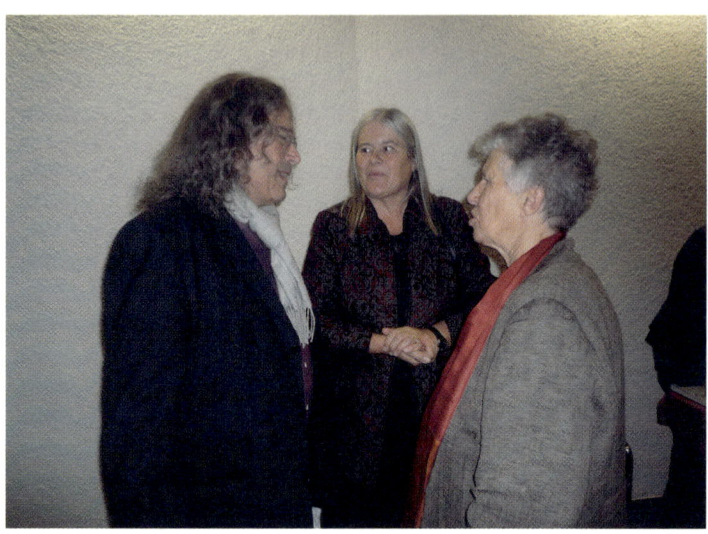

Gespräch mit dem Pianisten Peter Geisselbrecht, 75. Geburtstagsfeier 2016 in der Akademie für Tonkunst Darmstadt. (Foto: Heide Kratz)

Die veröffentlichte Klavierausgabe *Klangblumen* brachte mir Nina Ammann ins Haus, eine Schülerin aus der Schweiz, die damit ihre Abiturarbeit machen und anschließend Musik studieren will. Sie möchte ein paar *Klangblumen* analysieren und mit diesem Konzept dann eigene Stücke schreiben. Eine schöne Idee. Peter Geisselbrecht (1954–2019), dem ich für seine Studierenden an der Universität Gießen ein Heft geschickt hatte, will seine Leute nach jeder aufgeführten *Klangblume* im Sinne der Musik live improvisieren lassen. Eine noch schönere Idee. Inzwischen habe ich die veröffentlichten Hefte an ein paar Bekannte, an Lehrkräfte und PianistInnen geschickt. Manche machen damit Schülervorspiele und laden mich dazu ein. So komme ich wieder unter Menschen. Manchmal ist es sehr aufregend für mich zu erfahren und zu erleben, was mit „meiner" Musik alles passiert, wo sie landet, was sie verursacht und wie sie dann auch wieder zu mir zurückkommt und auf mich wirkt. Es gefällt mir so. Etwas unsicher bin ich jedoch, weil die *Klangblumen* keine spektakuläre Musik sind und technisch sehr einfach. Musikalisch sind sie aber gar nicht so leicht. Es braucht Mut, sie auf persönliche Weise zu interpretieren.

Die Violinausgabe verdanke ich grundsätzlich der Geigerin Ulla Levens, die sich neue Stücke von mir wünschte. Wir hatten uns näher kennengelernt, als wir zusammen an ihrem Buch *Begegnungen mit Barbara Heller* arbeiteten. Vielleicht brachte mich sogar ihr Insistieren dazu, es immer wieder zu versuchen, obwohl ich damals eher unfähig war zu komponieren. Ich musste ja mein ganzes Leben erzählen, wenn das Buch eine Art Biografie über mich werden sollte. Da war wenig Platz für kompositorische Fantasie. So versuchte ich es mit der Idee, nur mit einem Intervall etwas zu machen, das bedurfte keiner Inspiration, sondern purem Ausprobieren aller Möglichkeiten. Dass dann am Ende doch in die Musik Leben eingehaucht war und sie etwas ausdrückte, bleibt ein ewiges Geheimnis, vor allem, auf welche Weise dieser Geist in die Komposition hineingeschlüpft war. Auf jeden Fall kann ich an jedem Stück heute hören, wie es mir damals beim Aufschreiben gegangen ist. Die Stimmungen der Stücke sind alle gar nicht bewusst gewollt, sondern durch die jeweilige emotionale Situation fast wie von selbst entstanden. Zumindest denke ich, dass es so war. Wie es wirklich war, weiß ich nicht. Manchmal gelang etwas ganz leicht: z.B. „Akelei" und „Endlos" entstanden gar in wenigen Minuten. Ein anderes Mal war es lange Arbeit und brauchte viele Versuche. Ich vermute, dass so etwas deshalb möglich war, weil ich mich die Stunden, Tage und Monate davor permanent innerlich damit beschäftigt hatte. Es kann dann wohl plötzlich herauskommen. Soweit ich mich kenne, will ich ja jedes Mal alles erleben und erlebt haben, bevor ich etwas aufschreibe. Es muss stimmen. Es muss ganz ehrlich sein. Es muss mich in diesem Moment völlig überzeugen.

Geschrieben: 2007

2008
Inzwischen hat die Berliner Geigerin Marianne Boettcher die Violinversion gespielt und einige *Klangblumen* auf CD eingespielt. Zu meiner Überraschung anstelle des Klaviers mit der Harfe, was sehr schön klingt. Die Harfenistin Domenica Reetz bearbeitete den Klavierpart für ihr Instrument und veröffentlichte ihre Version im Schott Verlag.

Dienstag, 4. November 2008
Eine Uraufführung der Flötenversion mit der Flötistin Adelheid Krause-Pichler im Konzerthaus Berlin erlebte ich etwas erhitzt. Ich saß im Mantel gekleidet ganz hinten im Saal, da der Zug mit großer Verspätung in Berlin eingefahren war. Dennoch konnte ich gut hören, dass mir die neuen Bläserstücke recht flötistisch gelungen waren.

1. Juli 2009
Ich komme zurück aus Düsseldorf, wo alle Klavier-*Klangblumen* von Studierenden der Klasse von Maria Dziech Kulka gespielt worden sind.

Wieder dieses Glücksgefühl und die Begeisterung der Menschen nach dem Hören. Dieser Tage mache ich Korrekturen der Flötenausgabe und der Violinausgabe. In Düsseldorf wurden die *Klangblumen* mit der Bratsche gespielt. Das klang fast noch schöner als mit Geige. Meine Musik aus dem Herzen ist das – sonst nichts. Am 11. Juli werden sie auch in Heidelberg zu einer Ausstellungseröffnung gespielt.

2010
Die Kölner Klavierpädagogin Monika Twelsiek wählte eine Klangblume („Abendblume") aus für ihren Sammelband „Nacht und Träume" mit 36 Klavierstücken aus dem 19. und 20. Jahrhundert (Schott). Ein paar Jahre später hat sie mein Klavierstück „Die Geschichte vom Schloss am Meer" als Erstveröffentlichung in ein weiteres von ihr herausgegebenes Klavieralbum aufgenommen: „Wasser – 25 Originalkompositionen für Klavier" (Schott 2015). Für mich ist es immer eine besondere Freude, meine Stücke in solchen thematischen Zusammenhängen mit Werken von anderen Komponisten und Komponistinnen zu sehen.

2011
Die phänomenale deutsche Pianistin Sontraud Speidel spielt alle *Klangblumen* auf CD ein: *Sontraud Speidel spielt Barbara Heller*. Ein Geschenk zu meinem 75. Geburtstag der Konzertagentur Richard Berg und des Labels Organo Phon – Classical Artists Records.

2012
Die *Klangblumen* machen mich innerlich sehr reich. Die Menschen, die sie spielen, sind ganz besondere Menschen. Sie sind weniger Karrieremenschen als Herzensmenschen. Sie kennenzulernen ist ein großes Glück für mich, eine Bereicherung sehr umfassender Art. Musik kann zweifellos verschiedenste Bereiche in uns bewegen und in Schwingung versetzen. Es ist schwer zu formulieren, was in einem Menschen alles vorgeht, wenn er Klaviermusik spielt und sich ihr ganz hingibt und die Ausdrucksweisen darin findet und realisiert. Andere glücklich mit etwas zu sehen, das durch mich entstanden ist, ist ein großartiges Erlebnis.

2019
Eine große Förderin meiner Klarinetten-Musiken war schon lange die Pfälzer Klarinettistin Sabine Pfeifer, die schon 1992 als erste Musikerin mein Stück *Früher oder später* im Rundfunk eingespielt hatte. Dass sie bereit war, zusammen mit mir die *Klangblumen* für Klarinette zu bearbeiten, ehrte mich sehr. Als Honorar wünschte sie sich eine persönliche

Klangblume von mir. Das wurde die *Mariendistel*, zu deren Uraufführung sie 2016 nach Leipzig gereist ist. Es ist ein Segen für mich, wie viele InstrumentalistInnen sich von Zeit zu Zeit für meine Kompositionen einsetzen. Aber nicht nur das. Sabine Pfeifer war auch bereit, eine größere Sammlung mit originaler Klarinettenmusik von internationalen Komponistinnen zu erarbeiten und in der Reihe „Frauen komponieren" im Schott Verlag herauszugeben. Sieben Bände mit Musik von Komponistinnen sind erschienen: für Klavier, Violine, Cello, Gesang, Flöte, Klarinette und Orgel. Ich bin dem Verlag sehr dankbar, dass er meine Projekte viele Jahrzehnte lang unterstützt und mich als Komponistin gefördert hat. Das hat mich „getragen" und mich auf meinem Weg als Komponistin immer ermutigt.

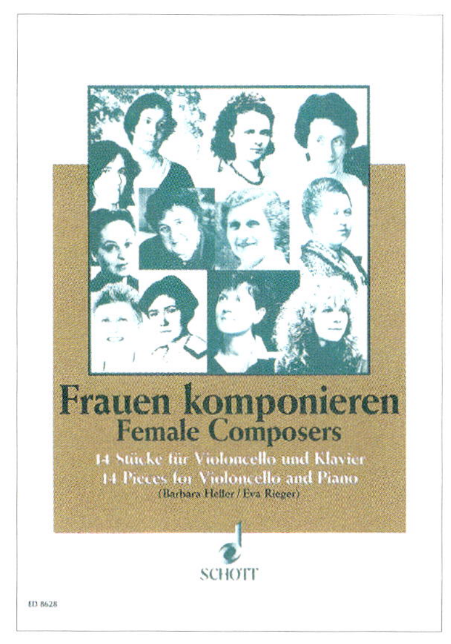

2008
Patchwork
3. Streichquartett und Version für Streichorchester

Oder wie Musik auch wachsen kann…

Ich möchte das ewig versprochene letzte Streichquartett meines Lebens schreiben und darin die Klangfelder länger klingen lassen und das Klangergebnis hören und genießen können. Jetzt mache ich es einfach! Im November 2008. Der Name des Quartetts lautet ganz klar: *patchwork*.

Bei einem Kompositionswettbewerb für Streichquartett mit rund 500 Einreichungen scheidet es aus. Nun ist es wieder frei und ich schicke es an Christian Münch, den Leiter des Jugend-Musik-Ensembles Frankfurt am Main, ein Förderer seit vielen Jahren. Er will es mir mit seinen Amateurmusikern einmal vorspielen. Er wünscht sich Musik für Streichorchester. Ich denke an den Dirigenten Heinz Girschweiler, der die *Sinfonietta* für Streichorchester mit seinem „Orchestrina"-Orchester in Chur aufgeführt hat. Bemerkenswerterweise hatte er meine *Sinfonietta* nicht gesucht, aber gefunden, als er das Archiv des Internationalen Arbeitskreis Frau und Musik e.V. in Frankfurt besuchte. Seine „Orchestrina"-Mitglieder hatten sich Musik von Komponistinnen gewünscht. Wir wussten damals nichts voneinander. Aus dem Fundus der vielen Partituren hatte er auch meine ausgewählt. Welch ein Glück, dass es solche Zufälle auf diesem großen Erdball gibt.

Ich bearbeite also das Quartett und ergänze es um eine 5. Stimme – für Kontrabass. Die Partitur schicke ich nach Chur. Ich widme sie Heinz Girschweiler und nenne das Stück *Orchestrina*. Am 10. Oktober 2009 ruft mich die Dirigentin Manuela Weiss an und sagt, es gebe ein großes Fest der GEDOK Heidelberg. Als ich ihr von *Orchestrina* erzähle, ist sie begeistert und möchte die Komposition uraufführen. Ich sende ihr die Noten. Aber beim Titel zweifle ich jetzt nun. Vielleicht passt für die Orchesterversion der Titel *Patchwork* besser. Als Quartett könnte das Stück dann schlicht „3. Streichquartett" heißen. Mal sehen, was „mein Kind" noch alles erlebt.

Mittlerweile war ich in der Schweiz und konnte *Patchwork* für Streichorchester dreimal hören. Das Orchestrina-Orchester hat die Komposition in drei Abschiedskonzerten für und mit Heinz Girschweiler gespielt. Sie ist schwer sauber zu intonieren, da durch die Ganztonverhältnisse per-

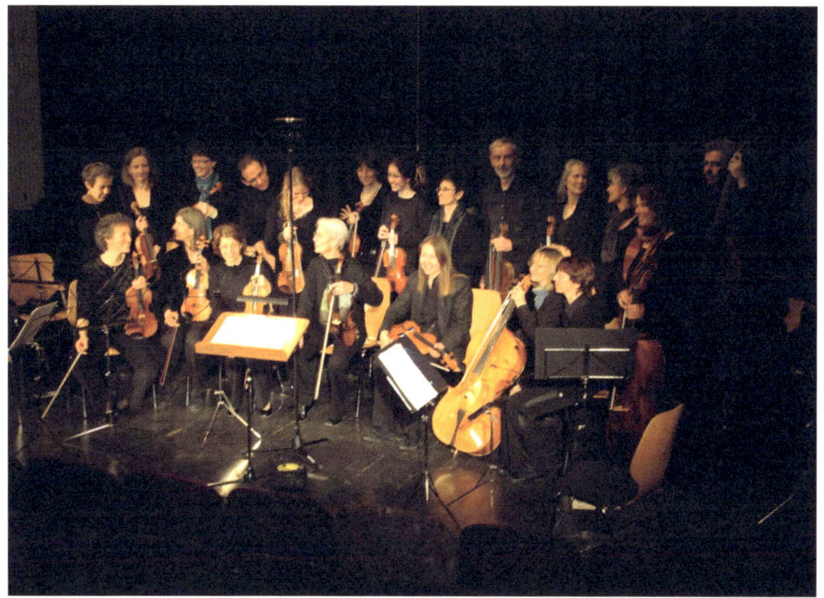

Uraufführung von *Patchwork* für Streichorchester mit dem Kammerorchester „Orchestrina", Leitung Heinz Girschweiler, Chur 20.2.2010

manent ein Tritonus erklingt. Ungewohnt für Amateure. Für mich war es aufregend, mitten im Publikum zu sitzen und meine bereits gemachte Arbeit zu hören, während auf der Bühne die MusikerInnen mit großer Konzentration und Hingabe arbeiteten. Die Musik kam mit Herzblut und enormer Spielfreude von der Bühne. Nun hat der Schott Verlag die Noten publiziert. Ich habe keine Ahnung, ob sich wieder einmal jemand dafür interessieren wird, ob diese Noten verkauft werden? Sie wurden an alle wichtigen Bibliotheken geschickt.

Die *Sinfonietta 1961* wurde zuvor relativ oft gespielt, was damit zu tun hatte, dass sich im Zuge der Frauenbewegung die Medien für Künstlerinnen interessierten und in diesem Zusammenhang auch für Frauen, die „ebenso gut wie die Männer" komponieren konnten und nicht nur kleine Stücklein geschrieben haben. Jürgen Flimm sagte in Köln einmal, die *Sinfonietta 1961* sei sehr geeignet zum Tanzen. Sie hätte etwas Jazziges an sich. Das könnte sein, denn ich hatte ja einen Hang dazu – dank meines Mannheimer Studienkollegen, dem Jazzpianisten Wolfgang Lauth. Und als Joachim-Ernst Berendt einmal zu Gast an der Musikhochschule war, spielte er uns Jacques Loussiers LP *Play Bach* vor. Das hatte mir gefallen.

Etwa dreißig Jahre später wurde meine Musik in Darmstadt sogar einige Male vertanzt (*Scharlachrote Buchstaben* und *Ton-Zeichen*).

Geschrieben: 2009

10. August 2009
Inzwischen ist das Streichquartett fertig. Mutig habe ich ganz pur nur mit Ganztonschritten gearbeitet. (Das macht die Aufführung schwierig, da der Tritonus dabei erscheint. Es muss viel geübt werden.) Eine völlig neue Arbeitsweise von mir. Ich *mache* Musik, ich suche sie nicht mehr wie früher, ich tue es einfach. Wobei ich meine Intervallforschungen weiter betreibe. Die Klangergebnisse sind nicht immer schön. Schön, was heißt das. Ist das wichtig? Ich beginne, Wiederholungen von bewegten Ereignissen zu lieben. Wenn ich bei einem Klang angekommen bin, den ich länger hören möchte, gibt es ein paar Takte lang Wiederholungen. Erst dann geht es weiter zum nächsten Klang. Ich versuche aus dem vorherigen Klang kommend eine langsame Verwandlung in einen anderen Klang. Rhythmisch ist die Musik weniger bewegt. Liegt das an der Notationsform? Bisher habe ich für eine Uraufführung kein Quartett gefunden. Eine interne Aufführung ohne Publikum gab es mit den vier Studentinnen des Alba-Quartetts in Bonn. Die Intonation müsste sehr, sehr sauber gespielt werden. Eine offizielle Uraufführung steht noch aus. Jetzt liegen die Noten in Mainz beim Schott Verlag auf dem Schreibtisch meines Lektors.

Juli 2020
Das Quartett ist mittlerweile als Druckausgabe publiziert worden. Der Furore Verlag hat ein Streichquartett gefunden, das eine CD-Einspielung gemacht hat: das Verdi-Quartett. Die bei Wergo erschienene CD *Herbstmusik* versammelt alle drei Streichquartette.

Mein Leben ist etwas zu kurz, als dass ich mir alle meine Wünsche erfüllen könnte. Streichinstrumente machen fantastische Musik. Ich hätte bereits in meiner Jugend das Orchestrieren lernen müssen. Ich war jedoch sehr einsam mit meiner Musik. Und in die in den Zeitschriften angekündigten Komponistenwettbewerbe hielten mich davon ab, da ich überzeugt war, sie seien allein für Komponisten. Aber leider war ich nur eine Komponistin. Ich musste auf meinem Lebensweg allerlei Hürden überwinden.

2011/12

Klangspuren, 76 Klavierstücke

Im Auftrag von Sontraud Speidel für den Barbara-Heller-Wettbewerb 2013 des Piano-Podiums Karlsruhe e.V.

Aus dem Programmheft des Wettbewerbes:
„Der BARBARA-HELLER-KLAVIERWETTBEWERB 2013 FÜR JUNGE SPIELERINNEN UND JUNGE SPIELER VON 4 BIS 21 JAHREN wird im Jahr 2013 zu Ehren der bedeutenden Komponistin BARBARA HELLER ausgetragen. Das Anliegen des PIANO-PODIUMS KARLSRUHE ist die weitere Verbreitung der Klavierwerke von Barbara Heller sowie die Förderung des pianistischen Nachwuchses aus unserer Region."

Anmerkungen der Komponistin:
Die Musik hinter den Noten erfassen, sie herauslesen, sie lebendig werden lassen, sie im Spiel erklingen lassen. Beim Studium sich in die kurze Dauer des Stückes hineinfühlen, in das passende Tempo einschwingen, in eine dynamische Bewegung kommen, mutig immer wieder ausprobieren, bis es klingt, bis es passt, bis Du Dich wohlfühlst, bis Du zuhause bist in einem der Klavierstücke.

Für einen Klavierwettbewerb, bei dem alle Mitwirkenden Gewinner sein werden, wenn sie mitmachen, habe ich gerne komponiert. Ich möchte Sontraud Speidel für ihren „Auftrag" danken, kurze Stücke für ganz junge Klaviermusikstudierende von vier Jahren bis zu den 21-jährigen zu schreiben – aufgrund der Initiative des Piano-Podiums e.V. Karlsruhe, um zeitgenössische Musik bekannt werden zu lassen.

Neue Musik muss nicht immer schrecklich schräg oder furchtbar dissonant klingen oder gar böse! Ich habe versucht, die Stücke mit musikalischen Mitteln zu schreiben, die aus der klassischen Literatur schon bekannt sind. Auf dieser Grundlage ist es dann nicht ganz so schwer, zusätzlich noch neue (bisher vielleicht unbekannte) Klangfarben spielen und hören zu lernen sowie ungewohnte Strukturen oder auch neue Spieltechniken zu erwerben, die in der bisherigen Literatur noch nicht erfahren worden sind.

Ich habe versucht, jedem Stück eine Seele einzuhauchen, ihm eine Eigenart, eine Essenz zu geben. Daher ist jeder noch so kurze Titel ein Unikat und hat seine einmalige persönliche Aussage: Die Musik kann ein Bild aufzeigen oder an etwas erinnern, eine kurze Erzählung sein, auch das Gemüt ansprechen, uns beim Spielen bewegen und in eine besondere Stimmung versetzen, vielleicht sogar unvergesslich bleiben.

Die Stücke sind immer in einer durchgängigen Spielart geschrieben. Kompositorisch besteht jeder einzelne Titel aus einem kleinen Einfall, zusammenhängend mit einer strukturellen Idee (einem musikalischen Modell) – einer Art bleibendem Motiv, das der Musik ihre Eigenart, den Charakter, den Ausdruck, sozusagen ihr „Geheimnis" verleiht. Dieses gilt es zu erfassen und sich im Spiel zu eigen zu machen, um die Musik dann so zu spielen, als käme sie aus dem eigenen Geist, dem eigenen Herzen.

Die Titel der Stücke mögen durchaus dazu anregen, der Musik einen entsprechenden Ausdruck zu verleihen. Die Metronom-Angaben sind keinesfalls zwingend, sondern als Anregung gedacht, bis ein persönliches Tempo gefunden wird. Ich empfehle mit Entdeckerfreude an die Stücke zu gehen!

Das Klavier ist mein Lieblingsinstrument. Es gibt so viele Möglichkeiten, beim Spielen weniger Tasten in eine andere Welt oder eine andere Zeit einzutauchen. Die Töne sind meine Freunde, mit denen ich kommunizieren kann. Beim Klavierspielen habe ich ein Gefühl großer Freiheit, denn ich kann auf die Musik – während ich sie spiele – direkt reagieren, kann die intensive Konzentration genießen und dabei Klanggeschichten zaubern, Faszination erzeugen, im Musikmachen allerlei Visionen oder innere Bilder erleben und in besondere Gemütszustände kommen.

Ob die Titel dieser kleinen Geschichten und Bilder dazu ermuntern, die Erlebniskraft und Spielfreude zu erweitern? Oder gar dazu anregen, eigene Kurzgeschichten zu erfinden?

Auf jeden Fall verlangen alle 76 Stücke eine technische Sicherheit und die ganze Hingabe an den jeweiligen Stimmungsgehalt der Titel. Es gilt, die Essenz darin zu finden.

Versuche also durch das Spiel auf den Tasten am Ende die Musik so zu interpretieren, als hättest Du sie gerade selbst komponiert!

Das wünsche ich mir von allen einzelnen Pianistinnen und Pianisten, indem sie so lange daran arbeiten, bis sie ihr eigenes Tempo und ihre Dynamik gefunden haben und davon überzeugt sind: So muss es klingen!

Nachdem ich in meinem bisherigen Leben schon sehr viel Klaviermusik komponiert hatte, war dieser Auftrag eine Herausforderung für mich, noch einmal in der vorgegebenen Zeit bis zum Wettbewerb so viele neue Stücke zu schreiben. Ich möchte dem Piano-Podium Karlsruhe dafür meinen besonderen Dank aussprechen. Und ich danke meinen lieben Freunden und Fans sowie auch den LektorInnen im Schott Verlag, dass sie mich bei meiner Arbeit immer wieder ermuntert und unterstützt haben. Last but not least danke ich allen Mitwirkenden, dass sie meine kleinen Musikkinder durch ihr Spiel in die Welt hinaustragen und lebendig werden lassen.

Nachtrag Herbst 2020

Nach dem äußerst arbeitskonzentrierten Jahr 2013 entfalteten sich nach dem Wettbewerb mehrere fruchtbare und beglückende Freundschaften. Ein Gewinn für das Leben und zusätzlich Erweiterung des beruflichen Netzwerkes. Die jugendlichen GewinnerInnen aus dem Wettbewerb sind sozusagen meine zukünftigen InterpretInnen geworden. Für einige schreibe ich sporadisch heute noch neue Klavierstücke.

Besonders belohnt wurde ich noch zusätzlich von Sontraud Speidel mit der Einspielung meiner Klavierwerke auf CD bei organo phon Classical Artists Records, von denen es bislang noch keine Aufnahme gab: *Weiße Tasten, schwarze Tasten – Sontraud Speidel spielt Barbara Heller.* Dazu studierte sie eigens meine allererste Klavierkomposition ein, die *Klaviersuite* von 1956, sowie mein Jugendwerk aus der Studienzeit bei Harald Genzmer, die *Sonatine in zwei Sätzen* von 1962.

Übrigens hat die Musikschule Heilbronn 2015 nach dem Karlsruher Vorbild auch einen „Barbara Heller Wettbewerb für Klavier zu zwei und zu vier Händen“ veranstaltet. Der gläserne Eingang der Schule ist grafisch mit meinem Schriftzug und einer musikalischen Grafik gestaltet. Das sind die besonderen Überraschungen, die uns das Leben manchmal schenkt.

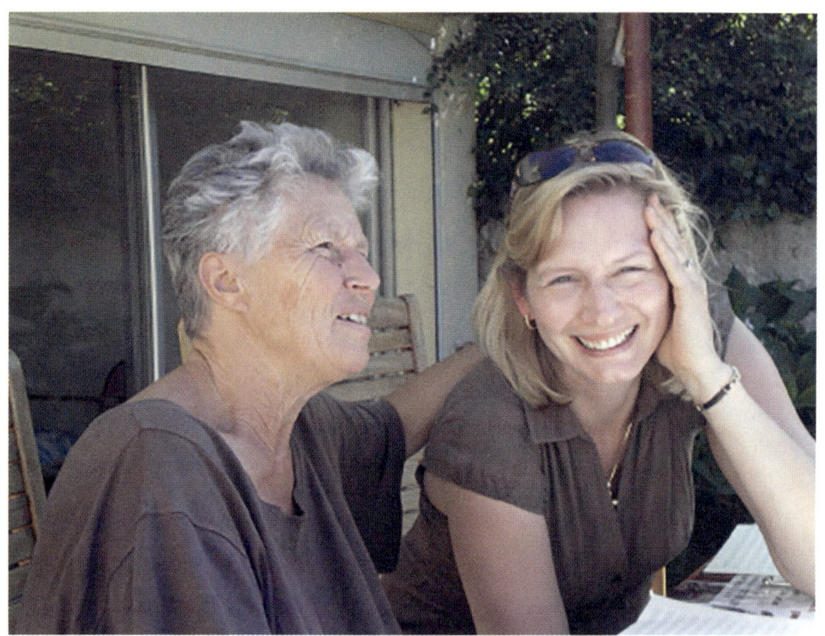

Barbara Heller 2012 in Paris mit der Komponistin Tina Ternes bei der Arbeit an einer Komposition (one for two) für einen Wettbewerb des Violin-Duos The Twiolins. Tina Ternes hat 2009 *Lalai* für kleines Orchester arrangiert.

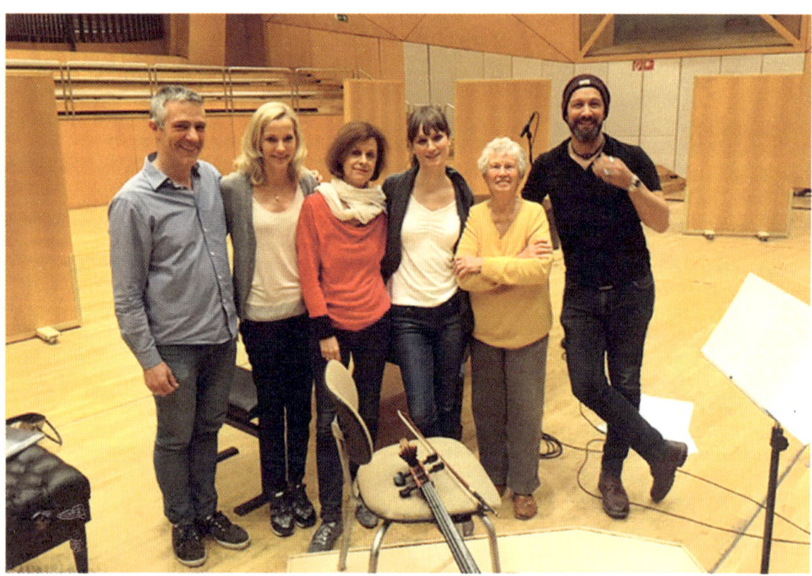

Im Hessischen Rundfunk nach den Aufnahmen zur CD *Herbstmusik*, 2016.
V.l.: Christoph Claaßen, Gesa Lücker, Susanne Stoodt, Katharina Deserno, Barbara Heller und Andreas Seibert

2012
Herbstmusik
Duo für Violoncello/Klarinette und Klavier

Vorwort der Notenausgabe:
1962 bis 1963 machte ich ein Aufbaustudium bei dem Komponisten Harald Genzmer (1909–2007) in München. 2012 anlässlich des Harald-Genzmer-Wettbewerbs erinnerte ich mich an diese Zeit und die damalige Beschäftigung mit dem Intervall der Quarte und komponierte die *Herbstmusik*. Die Kölner Cellistin Katharina Deserno hat mich dabei ermuntert, dann die Cellostimme eingerichtet und mit Fingersätzen versehen sowie eine kurze Kadenz dazu geschrieben.

In Erinnerung an Harald Genzmer und mit Dank an das Duo Katharina Deserno (Violoncello) und Nenad Lečić (Klavier).

Geschrieben: Oktober 2012

Herbstmusik
Wie gut, dass es noch Wettbewerbe gibt, sonst wäre diese Musik nie geboren worden. Tina Ternes, eine junge Kollegin, mit der ich einige Zeit ausgiebig kommuniziert und sie auch einmal in Paris besucht habe, wo sie einige Jahre lang als Musiklehrerin an einer deutschen Schule unterrichtet hat, informierte mich oft über Wettbewerbe, bei denen sie selbst mitmachte. Ich hatte das bislang noch nicht versucht, wollte es aber jetzt einmal nutzen.

So habe ich mich im Herbst 2012 selbst gezwungen, an einem Wettbewerb teilzunehmen. Es war der „Harald-Genzmer-Kompositionswettbewerb", ausgeschrieben für das Duo Cello und Klavier.

In Erinnerung an den Lehrer meines kurzen Studienjahres 1962 in München kamen mir die Quarten in den Sinn. Im Verlauf entstand ein Spiel mit Quarten und Quinten. Rechtzeitig zum Abgabetermin wurde ich fertig und schickte die Partitur nach München. Per Post kam die sachliche Information, dass der Wettbewerb 500 Einreichungen habe und meine Komposition nicht ausgewählt sei.

Über den Schott Verlag lernte ich eines Tages die Cellistin Katharina Deserno kennen. Sie arbeitete gerade an der Herausgabe des bei Schott erscheinenden Cellobands *Mein erstes Konzert* und fragte mich, ob ich einverstanden sei, wenn sie einen Teil der Celloversion von *Lalai – Schlaflied zum Wachwerden?* mit in den Sammelband aufnehmen würde. Solche Fragen liebe ich!

* * *

Wir hatten rasch einen guten Kontakt, sodass ich es wagte, sie zu fragen, was sie von meinem Entwurf für den Wettbewerb halte. Sie ermunterte mich, bei dem Wettbewerb mitzumachen und hat mir viel Mut gemacht und mich in der Arbeitsphase immer wieder angespornt.

Am Ende richtete sie die Cellostimme ein und gab die Partitur, nachdem sie die Uraufführung in Köln mit ihrem Duo-Partner Nenad Lečić gespielt hatte, als Notenausgabe im Schott Verlag heraus. Zur Uraufführung im Januar 2013 in der Kölner Musikhochschule kam ich direkt von der kanarischen Insel La Gomera gerade noch pünktlich angeflogen. Es war Winter in Deutschland. In dicker Wollbekleidung saß ich im Konzert und schämte mich, zu diesem besonderen Ereignis nicht festlich angezogen zu sein. In großer Dankbarkeit erlebte ich meine Musik mit voller Leuchtkraft gespielt.

Es war eine Überraschung, dass die Frankfurter Filmerin Lilo Mangelsdorff zum Konzert gekommen war, um Aufnahmen für ihren Film *Unterwegs in der Musik – die Komponistin Barbara Heller* zu machen. Sie begleitete mich nachts noch mit dem Zug zurück bis Frankfurt.

Am 30. Juni 2016 bei einer Ausstellung „Odenwälder Bildende KünstlerInnen" höre ich die *Herbstmusik* wild und sommerlich mit der Klarinettistin Irith Gabriely und der Pianistin Susanne Hardick. Ich habe es mit dem Smartphone aufgenommen, um zuhause in aller Ruhe nachzuhören, ob mir die ursprüngliche Cellomusik als Klarinettenstück zusagte. Auch um beim Verlag damit nachzufragen, ob ich eine Bearbeitung für Blasinstrument machen dürfte, denn die Rechte hat der Schott Verlag, egal welches Instrument die Melodiestimme spielt. Das wurde genehmigt.

Die Melodien klingen auch auf der Klarinette, allerdings völlig anders, etwas heiterer und leichter, weniger ernsthaft und innig. Es war nicht das erste Mal, dass ich eine meiner Kompositionen mit einem anderen Instrument gehörte habe, als mit dem, wofür ich es eigentlich geschrieben hatte. Immer wieder geschieht es, dass sich InstrumentalistInnen Musik von mir wünschen. Weil ich aber nicht so schnell komponieren kann, spielen sie dann ihre Bearbeitungen vorhandener Ausgaben für ihr Instrument.

Mit dem Violoncello finde ich die *Herbstmusik* am schönsten. Eine Viola-Version haben der Bratscher Manfred Sander und die Pianistin Maria Kulka-Dziech in Düsseldorf erstaufgeführt. Maria organisierte auch ein mir gewidmetes Portraitkonzert mit dem Cellisten Zdzislaw Lapinski, ihrem Chef, dem Direktor der Musikhochschule Krakau. Eine Aufnahme liegt hier in meinem Archiv.

Eine erste Einspielung für eine CD bei Wergo machten die Cellistin Katharina Deserno und die Pianistin Gesa Lücker. Beide haben daran mit aller Liebe geübt, Feinheiten herausgearbeitet und sehr kreativ, mit echter Musikalität eine Aufnahme im Hessischen Rundfunk eingespielt.

Das Baby *Herbstmusik* wächst also ganz schön, nachdem es erst 2014 geboren wurde. Den Anfang finde ich selbst richtig gut. Für den Anfang einer Komposition habe ich oft gute Einfälle. Nur leider nicht immer die Ausdauer, ihn entsprechend gut weiter auszuarbeiten. Die Geduld fehlt mir. Schade. Ich habe oft die Angst, vor der Fertigstellung und Aufführung des Stückes zu sterben.

2020
Inzwischen ist in Holland eine CD geplant mit allen Stücken des im Schott Verlag veröffentlichten Sammelband *Klarinettenmusik von Komponistinnen*, der auch meine Herbstmusik enthält.

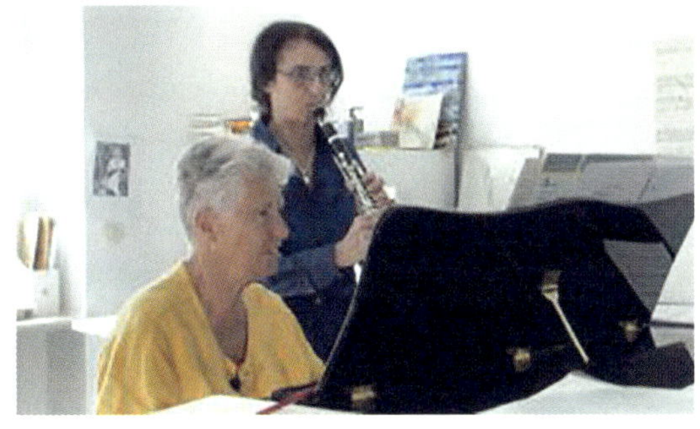

Mit Irith Gabriely (Foto Lilo Mangelsdorff)

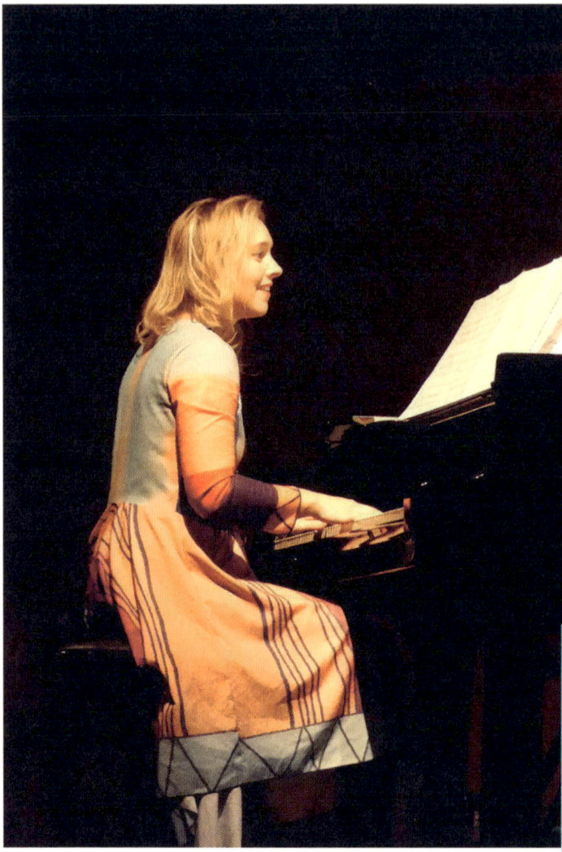

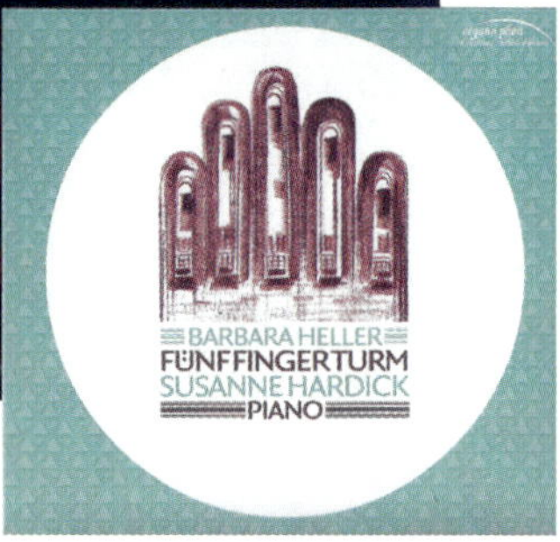

Die Pianistin Susanne Hardick (Foto: Ute Döring)

Erstaufführung von *Fünf-Finger-Turm*, Klavierstücke auf schwarzen Tasten mit Studierenden aus dem Piano-Podium Karlsruhe e.V., 2015

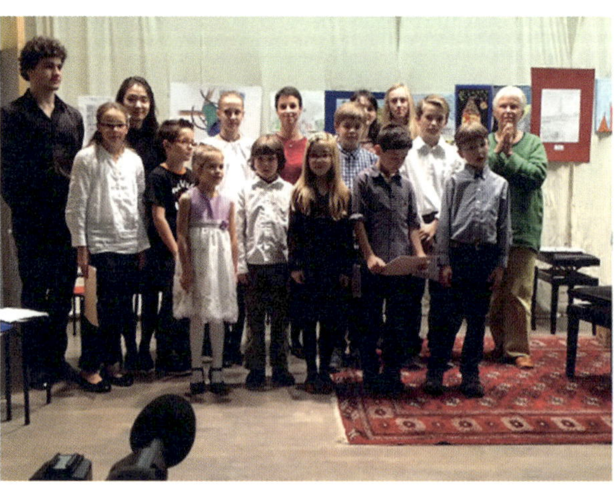

2014
Fünf-Finger-Turm
Klavierzyklus auf schwarzen Tasten

Fünf-Finger-Turm entstand 2014/15 infolge einer Ausschreibung des Piano-Podium Karlsruhe e.V. zum Thema Architektur in der Klaviermusik. Ich wählte spontan ein berühmtes Baudenkmal und Wahrzeichen meiner Wahlheimatstadt Darmstadt, den Fünffingerturm, auch „Hochzeitsturm" genannt, der 1908 als Geschenk der Stadt Darmstadt zur Erinnerung an die Hochzeit des Großherzogs Ernst Ludwig mit Eleonore zu Solms-Hohensolms-Lich 1905 von dem Jugendstil-Baumeister Joseph Maria Olbrich erbaut wurde. Die von mir sogenannte „Himmelshand" des Turmes brachte mich auf die Idee, ihre fünf Finger auf die fünf schwarzen Tasten des Klaviers zu übertragen. Daher enthält dieser Band ausschließlich Klavierstücke auf schwarzen Tasten, die nach Schwierigkeitsgraden geordnet sind.

Mein Angebot bei Schott wurde angenommen. Das hat mich äußerst gefreut, weil ich mir mit diesem Projekt eigentlich selbst ein Geschenk zu meinem 80. Geburtstag gemacht hatte. Außerdem war es als Hommage an die Stadt Darmstadt gedacht. Die Veröffentlichung einer Notenausgabe erfordert unterschiedliche und auch langwierige Vorarbeiten in Zusammenarbeit mit dem Verlag. Um einen Eindruck zu vermitteln zitiere ich aus einem Brief an meinen Lektor:

„Lieber Herr Mohrs,
Was lange währt wird endlich gut… Hier nun das ganze Heft. Das Titelbild wurde von Petra Reichenbach (Grafikerin, die auch die Wergo-CDs für mich gemacht hatte) als Anregung gedacht, damit wir von dem Internetfoto des Turmes wegkommen. Vorlage dazu ist das Originalfoto von Nikolaus Heyduck, für uns geknipst. Alles kostenfrei. Die englische Übersetzung ist komplett und die beiden Titel 25 und 26 kommen bald, Ende Mai zusammen mit einer nochmaligen kompletten Version, die momentan noch überprüft wird, was die Reihenfolge von leicht nach schwer angeht und die Sortierung der Zwischenspiele und Übungen im Anhang.

Diese Ausgabe hier ist für Sie bestimmt zur Orientierung und auch als Anfrage, ob Sie mit der Kennzeichnung a), b), c) bei einigen Titeln einverstanden sind? Bei den *Klangspuren* hatten die verschiedenen Versionen fortlaufende Zahlen. Das könnte ich bei dem *Fünf-Finger-Turm* hier noch ändern, falls Sie das wünschen.

Ebenfalls kann ich auch gerne die Umbrüche machen, denn zum Teil sind einige Noten eng gesetzt, weil die Spieler lieber alles auf einem Blatt hatten. Es lässt sich auf zwei Seiten verteilen. Dann würde es eine neue Seitenzählung geben.

Eine CD mit den Stücken mache ich unabhängig von der Ausgabe für mich privat. Wenn es irgend möglich ist, wäre es fantastisch das Heft 2016 in Händen halten zu können. Ich möchte gerne 100 Exemplare davon direkt nach Herstellung auf Rechnung erhalten. Alles, wovon Sie noch Änderungen wünschen erfahre ich gerne und arbeite es dann bis Ende Mai in eine satzfertige Ausgabe ein. Toi, toi, toi für diese besondere Ausgabe

Mit herzlichem Gruß wie immer,
7.5.15 Barbara Heller

Geschrieben Mai 2015:
Mein besonderer Dank gilt dem Einsatz der Jugendlichen aus dem Piano-Podium Karlsruhe e.V., deren Erstaufführung dem Zyklus eine sogenannte Feuerprobe bescherte. Die Pianistin und Pädagogin Irina Schwertfeger, die den Fünf-Finger-Turm überarbeitet und eine Einführung zum Spiel entwickelt hat, konnte den pädagogischen Aspekt bestens einbringen; und ganz wichtig mein Dank gegenüber den Übersetzern aller Texte aus der Partitur ins Englische: Paul W. Miller und Peter Geisselbrecht. Die Hinweise zur improvisatorischen Nutzung entstanden zusammen mit dem Herausgeber Peter Geisselbrecht. Dass ich das Glück hatte, eine bereits bekannte Pianistin für eine CD-Einspielung zu finden, war das Allerbeste. Susanne Hardick ist zudem eine hervorragende Pädagogin und hat schon 2011 als Beitrag für das kulturellen Leben in der Stadt Darmstadt eine Musikakademie gegründet, die sie auch leitet.

18.10.2014 Teil-Uraufführung in Karlsruhe mit folgender Spielbesetzung: Leyla Ida Dahlhaus, Sophia Dieringer, Tirsa Falkenberg, David Carl Heinz, Julius Thöming, Linus Thöming, Jee-Eun Franziska Lee, Charlotte Kaiser, Dennis Kozarow, Tim Krome, Bernadette Leberl, Therese Lüthi, Noah Jyotis Müller, Benedikt Zimmer, Sebastian Zimmer

Darmstädter Erstaufführung am 27. November 2016, Mathildenhöhe, Susanne Hardick.
Einspielung auf CD: Susanne Hardick, Organo Phon 2016

2016
Hand in Hand
50 Etüden für Klavier

Eine selbstgebrannte CD flattert mir ins Haus, darauf erklingt eine Etüde aus der Sammlung *Hand in Hand*, die Etüde „Aufwärts". Ich höre eine innig gespielte Melodie, an deren einzelnen Tönen perlende fünf Tonfiguren hinauf rauschen. Dazu brummt ganz undeutlich eine Stimme; ich erkenne, dass es die polnische Pianistin Maria Kulka-Dziech ist, die da spielt. Das Klavier (oder der Flügel) scheppert auf der Aufnahme etwas und ist nicht so gut gestimmt. Die Musik aber fließt mir entgegen, so wie ich sie beim Aufschreiben innerlich gedacht und visioniert hatte. Das sind die schönen Momente des Lebens, für die es lohnt. Sie spielt die Etüden zwei- bis dreimal hintereinander, vermutlich – so wie ich sie kenne – wird sie das solange machen, bis sie zufrieden ist. Sie sagte einmal, dass sie meine Seele in den Tönen erkenne und sich davon berührt fühle. Beim 4. Durchgang wird sie freier. Ich glaube, die Aufnahme wurde bei ihrer Schülerin Christa Walter am schwarzen Klavier gemacht. Kann das sein? Ich muss sie einmal fragen. Eigentlich *übt* Maria nur, denn jetzt ertönt schon wieder die *Aufwärts*-Etüde. Vielleicht hat sie gar nicht gewusst, dass ihr Spiel aufgenommen wird?

Geschrieben: 24.6.2016

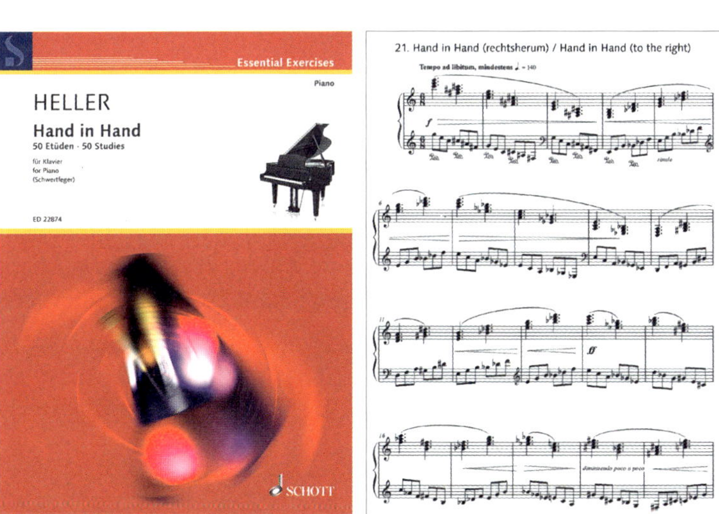

2016
Wenn der Frühling kommt
10 kleine Klavieretüden für Kinder

Wenn ich aufschreiben würde, wie so eine Musik für Kinder entsteht, gäbe es viel zu staunen und zu lachen. Sie wächst nämlich quasi fast wie von alleine, wie eine Pflanze im Garten. Allerdings gehe ich des Öfteren mal vorbei und sehe nach ihr, gebe ihr Wasser, rieche daran und freue mich, dass sie hier wächst. Ich bestaune ihre Farben und werde sie bald in einen Blumenstrauß einbinden. Es lässt sich eben nicht alles erklären. Die Arbeit für Kinder öffnet grundsätzlich mein Herz. Das ist dann schon eine gute Voraussetzung für die Muse, die es dazu braucht. Wenn ich Glück, einen freien Geist und etwas Zeit habe, nähert sich mir die „Pflanze" rasch, so dass ich das innerlich Gehörte nur noch notieren muss. Habe ich mal damit angefangen, ist die Begeisterung oft so groß, dass ich nicht aufhören kann. So entstehen Zyklen, Sammlungen oder klingende Blumensträuße. Vielleicht wäre ich in diesen Momenten dann gerne noch ein Kind?

In meiner Auftraggeberin, der Klavierpädagogin Simone Reichstatt, hatte ich über viele Jahre eine starke Förderin meiner Klaviermusik für Kinder. Besonders intensiv war unsere Zusammenarbeit in der Entstehungszeit dieses Etüdenheftes, wobei sie stets bestrebt war, eine sehr exakte dynamische Ausarbeitung in überaus klarer Notation zu erwirken.

Simone hat mich immer zu allen Konzerten eingeladen und so konnte ich ausnahmsweise viele Stücke hören, die ich normalerweise kaum zu hören bekomme. Denn Notenausgaben für Kinder scheinen im Musikalienhandel auf unbekannt zu verschwinden. Es ist auch nicht üblich, Komponisten über eine Aufführung zu informieren, wenn die Werke veröffentlicht sind. Umso erfreulicher war es jedes Mal, die Kinder live spielen zu hören und dabei zu erkennen, dass der Funke, den ich hineinkomponiert hatte, auf sie übergesprungen war.

Geschrieben: 2019

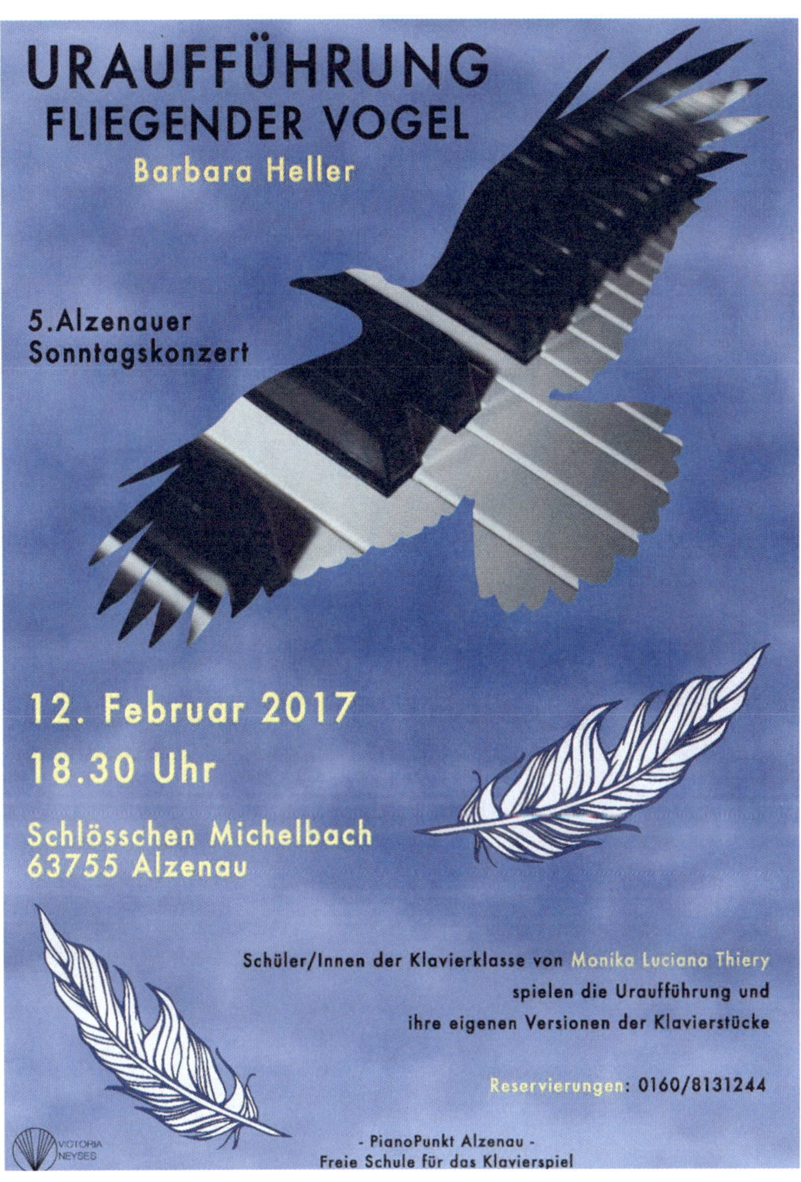
URAUFFÜHRUNG
FLIEGENDER VOGEL
Barbara Heller
5.Alzenauer
Sonntagskonzert
12. Februar 2017
18.30 Uhr
Schlösschen Michelbach
63755 Alzenau
Schüler/Innen der Klavierklasse von Monika Luciana Thiery
spielen die Uraufführung und
ihre eigenen Versionen der Klavierstücke
Reservierungen: 0160/8131244
VICTORIA
NEYSES
- PianoPunkt Alzenau -
Freie Schule für das Klavierspiel

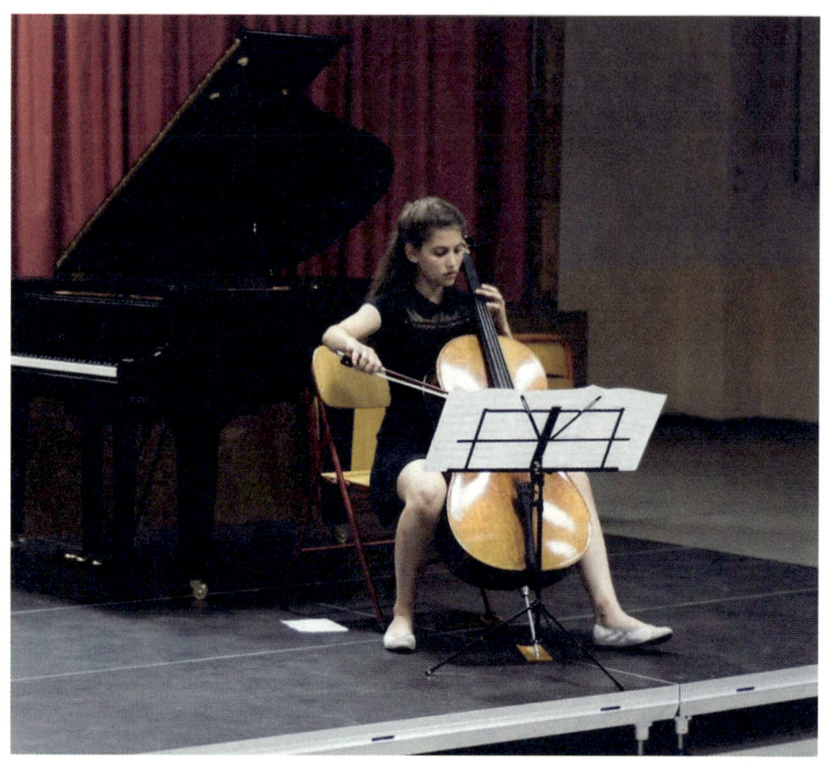

Rania Penelope Dereka, Pelionfestival 2019 (Foto: Katrina Karagiannakidou)

2018
Gesten für Violoncello solo

Rania Dereka gewidmet

Zu der vorliegenden Notenausgabe:
Das Werk wird durchgehend quasi „senza misura" gespielt und eher improvisatorisch. Die Taktstriche und Metronom-Hinweise dienen der ORIENTIERUNG, damit die Spielerin den musikalischen Verlauf gut mit den Augen verfolgen kann. Sie ist aufgefordert ad libitum und sehr frei die Fermaten zu nutzen sowie das Tempo jeweils immer wieder frei zu wählen. Mit den fünf Lieblingstönen wie auch mit einigen Improvisationen darüber auf ihrem Cello hat Rania Penelope Dereka die musikalische Idee zu der ihr gewidmeten Komposition *Gesten* beigetragen. Ich habe versucht, ihrer großen Ausdruckskraft mit kurzen Motiven gerecht zu werden. Zudem habe ich besondere klangliche Möglichkeiten des Cellos verwendet: u.a. Natur-Flageoletts, Pizzicati, Glissandi, Tremoli, sul ponticello und ricochet. Auch habe ich den Anfangs- und Schlussteil so gemacht, dass die Spielerin diese selbst dynamisch zu gestalten hat.

Dazwischen ertönt andeutungsweise immer wieder sehr kurz ein Zitat ihres griechischen Lieblingsliedes *„Dynata"* (Dt. kraftvoll, es ist möglich). Am Ende der *Gesten* wird dieses Lied länger zitiert und beschließt die kleine, „fast" gemeinsame Komposition.

Geschrieben: 18. Oktober 2018

20. Januar 2020
Diese Musik habe ich auf Wunsch ihrer Lehrerin Katharina Deserno für die zwölfjährige Jungstudentin Rania Penelope Dereka geschrieben, die zuvor „mein" *Lalai* in Konzerten und Wettbewerben mit viel Erfolg gespielt hat. Sie wollte ein neues Werk von mir. Ich habe mit ihr experimentiert, um herauszufinden, wo ihre Fähigkeiten liegen und wo ihre Grenzen sind. Sie hat aktiv mit komponiert/improvisiert und mit der Zeit traten ganz bestimmte Spielarten von ihr deutlich hervor. Für das Stück verwendeten wir auch ein griechisches Volkslied – sie ist die Tochter eines Griechen –, das als Zitat immer wieder auftaucht und am Ende län-

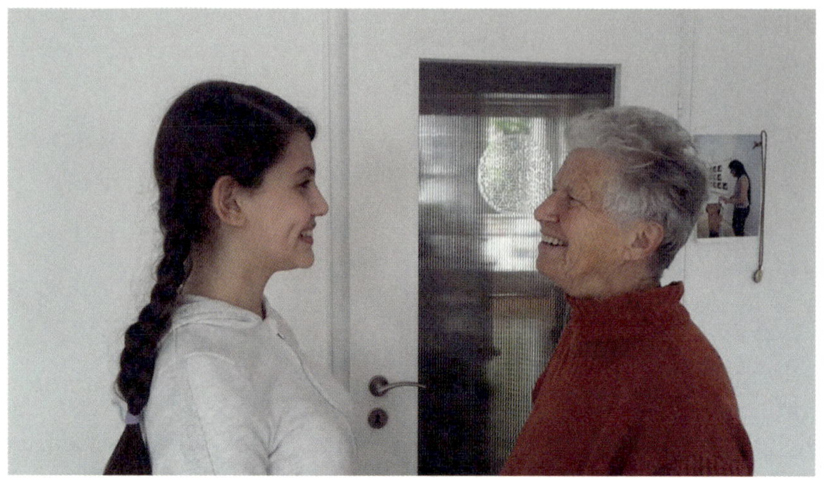

Begegnung mit der Cellistin Rania Penelope Dereka

ger gespielt wird. Diese Idee kam in Anlehnung an *Lalai*, das auf einem persischen Lied basiert.

Rania spielte die Uraufführung der *Gesten* am 14. November 2018 im Rahmen der Konzertreihe „Junge Tonkünstler im Konzert" im Vortragssaal der Frankfurter Sparkasse. Gemeinsam mit ihrem Duopartner gewinnt sie damit einen Preis bei „Jugend musiziert" und führt es seitdem bei besonderen Konzerten auf: z.B. in der Musikhochschule Köln, beim Pelionfestival in Griechenland oder beim „Spivakov meets Friends"-Festival in Russland.

2019

Mariendistel

Klangblume für Klarinette/Cello und Klavier

Während einer Aufführung in einem Heidelberger Konzert am 19. April 2019 wurde die *Mariendistel* live gemalt. Eva Claudia Nuovia hatte vor zehn Jahren schon einmal zu Musik von mir im Künstlerhaus Erbach gemalt. Damals den Zyklus mit 25 *Klangblumen* und jetzt die nachträgliche „Klangblume" *Mariendistel.* Und das ist mir nun Anlass, die Geschichte von einer kleinen Musik zu erzählen, die viel verursacht hat und immer wieder erklingt. Diese kleine Musik war ein unmittelbarer Einfall bei der Arbeit an den *Klangspuren* für den Barbara-Heller-Klavierwettbewerb in Karlsruhe 2012. Zwei Jahre später hat die Klarinettistin Sabine Pfeifer zusammen mit mir die Klavierausgabe der *Klangblumen* in einer Fassung für Klarinette mit Klavier für den Schott Verlag bearbeitet und herausgegeben. Sabine wünschte sich als „Belohnung" eine ihr persönlich gewidmete *Klangblume.* Ich tat mich schwer damit, versuchte mich immer wieder daran, aber nichts gelang mir.

In der Not blätterte ich in alten Kompositionen, entdeckte das ursprüngliche Klavierstück und sah, dass eine Überarbeitung für Klarinette möglich war. Daraus wurde die *Mariendistel* für Sabine Pfeifer. Bald danach erlebte ich die damals 15-jährige, hochbegabte Cellistin Klara Flohr – Jungstudentin von Katharina Deserno – mit einer ergreifenden Aufführung von *Lalai – Schlaflied zum Wachwerden?* Klara spielte derart hingebungsvoll, als würde sie die Musik gerade in diesem Moment schöpfen. Damit ich sie einmal wieder hören könnte, bearbeitete ich die *Mariendistel* für Cello und Piano; auch plante ich, weitere „Klangblumen" für sie zu schreiben. Sie hat dann zusammen mit Susanne Endres, ihrer Klavierpartnerin, sowie mit ihrem Spiel und meinen Kompositionen bei Jugend-musiziert-Wettbewerben erste Preise gewonnen. Die *Mariendistel* richtete sie für ihre persönliche Interpretation auf dem Cello musikalisch sehr differenziert ein.

Nicht zuletzt dank dieser kleinen Musik erfreue ich mich an einer gewissen Art von Zusammenarbeit, die ich mir von jung an immer wieder gewünscht und angestrebt habe. Ich habe die Fantasien im Kopf und die Instrumentalistin hat das Können, meine notierten Ideen in klingende

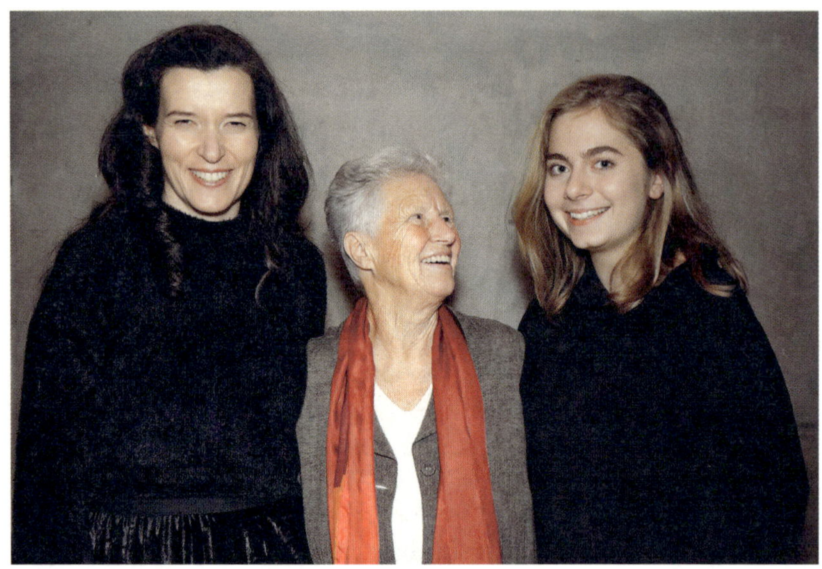

Susanne Endres, Barbara Heller, Klara Flohr nach dem Konzert mit *Herbstmusik* für Cello und Piano anlässlich der Verleihung des Darmstädter Musikpreises 2019

Musik zu verwandeln. Von ihr hängt ab, was aus der Musik werden kann. Sie hat eine enorme Verantwortung. Aus Verehrung für dieses Können lasse ich seit ein paar Jahren in meinen Kompositionen gerne Platz für interpretatorische Freiheiten. Denn ich bin sicher, dass alle Interpretierenden viel musikalische Kreativität und schöpferische Kraft besitzen. Und diese Eigenkreativität möchte ich so aus ihnen herauslocken.

Geschrieben: 6.4.2019

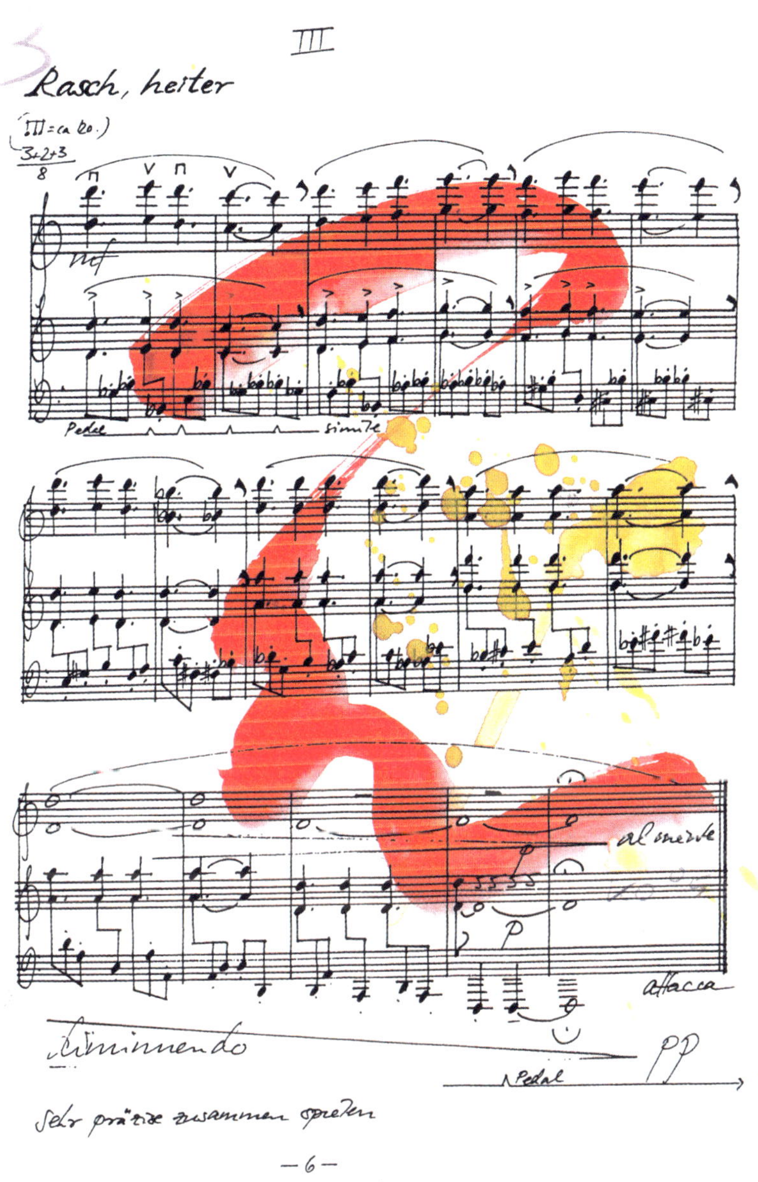

Autograph einer Partiturseite von *Tagebuchblätter für Violine und Klavier*, Übermalung von Eva Korn

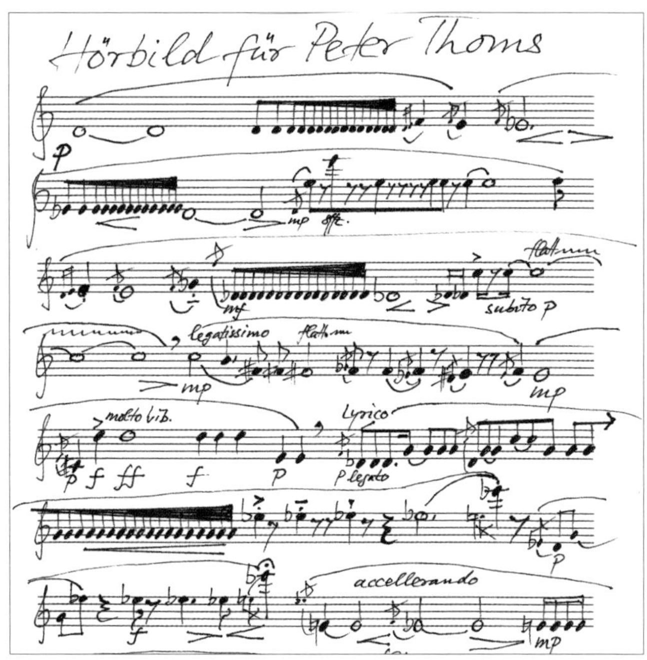

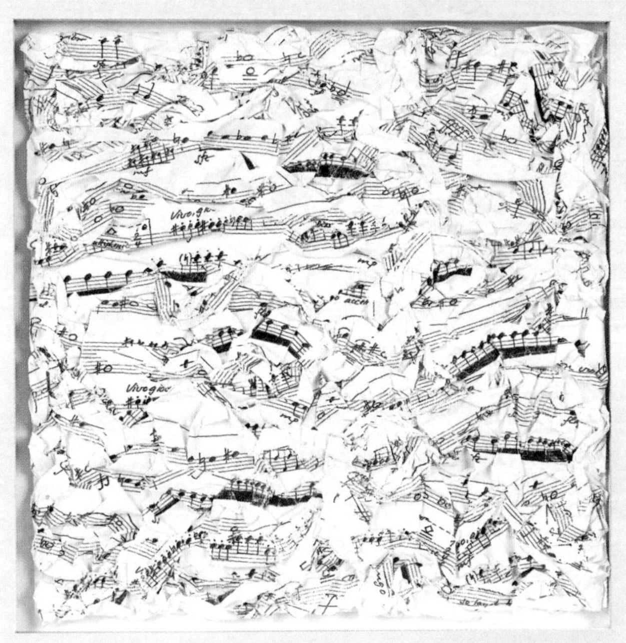

… und Bearbeitung durch Peter Thoms

2021

Hör-Bilder

15 Legenden für Klarinette solo

Die Melodie, das Melodische in der Musik, fasziniert mich schon mein ganzes Leben lang. Von Kindheit an habe ich immer gerne und viel gesungen. Und bis heute noch summe oder singe ich viel so vor mich hin, meistens ohne es zu bemerken.

Seit meiner Jugend bemühe ich mich, melodische Einfälle für Soloinstrumente zu formen, als selbst gestellte Aufgabe, eine Art Herausforderung.

Inspiration dafür finde ich in der Natur beim Sehen und Betrachten von Horizonten, Bach- oder Flussverläufen, Fluglinien der Insekten und Vögel oder der Flugzeuge am Himmel und der endlosen linearen Zeichenverläufe auf der Erdoberfläche. Um solche Melodien als Spielvorlage für InstrumentalistInnen aufzuschreiben nutze ich gerne grafische Notationsmöglichkeiten, wie bereits geschehen bei den Partituren von *Domino*, *Stationen*, *Klänge und Zeichen*, *Spielpläne* und *Kartenspiele.*

Zur Spielausgabe der *Hör-Bilder* wählte ich traditionell notierte Melodien für die Klarinettistin Irith Gabriely, die gerne solistisch Klarinette und Saxophon spielen wollte. Ihr sind diese „Lieder" gewidmet.

Als während der Corona Pandemie nur zwei Menschen in einem Raum versammelt sein durften, bearbeiteten wir gemeinsam ein paar Wochen lang alle Legenden für eine Veröffentlichung.

Zuletzt spielte Irith alle Melodiegeschichten auf einer CD ein, die der Notenausgabe des Furore Verlag Kassel beiliegt.

Eines der *Hör-Bilder* ist dem Maler Peter Thoms gewidmet, der für eine Ausstellung in der Darmstädter Galerie C. Klein Bilder mit Notationen von mir kreierte. Zu diesem Anlass fand auch die Uraufführung aller *Hör-Bilder* mit Irith Gabriely statt.

Geschrieben: Januar 2023

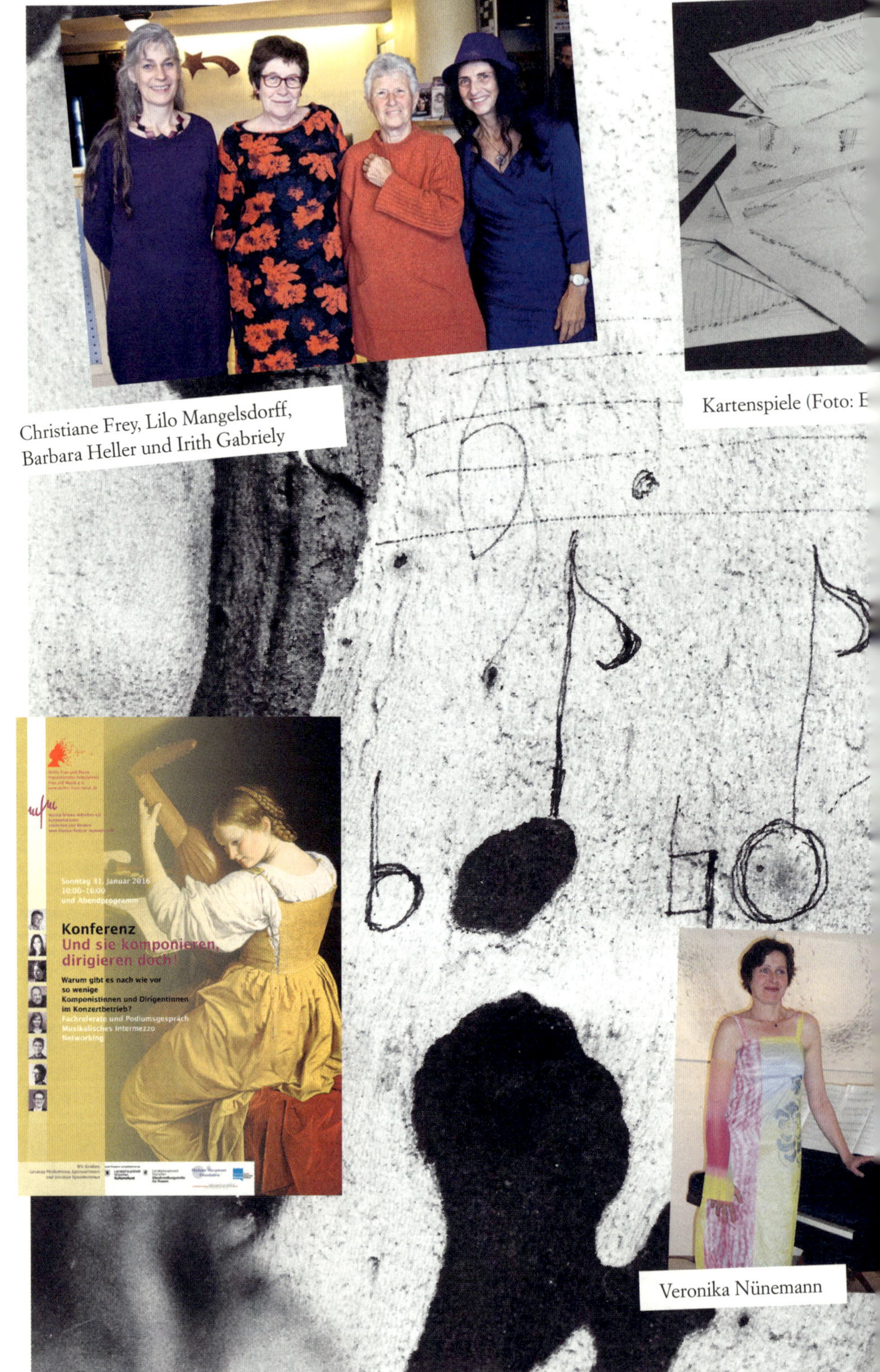

Christiane Frey, Lilo Mangelsdorff, Barbara Heller und Irith Gabriely

Kartenspiele (Foto: E

Veronika Nünemann

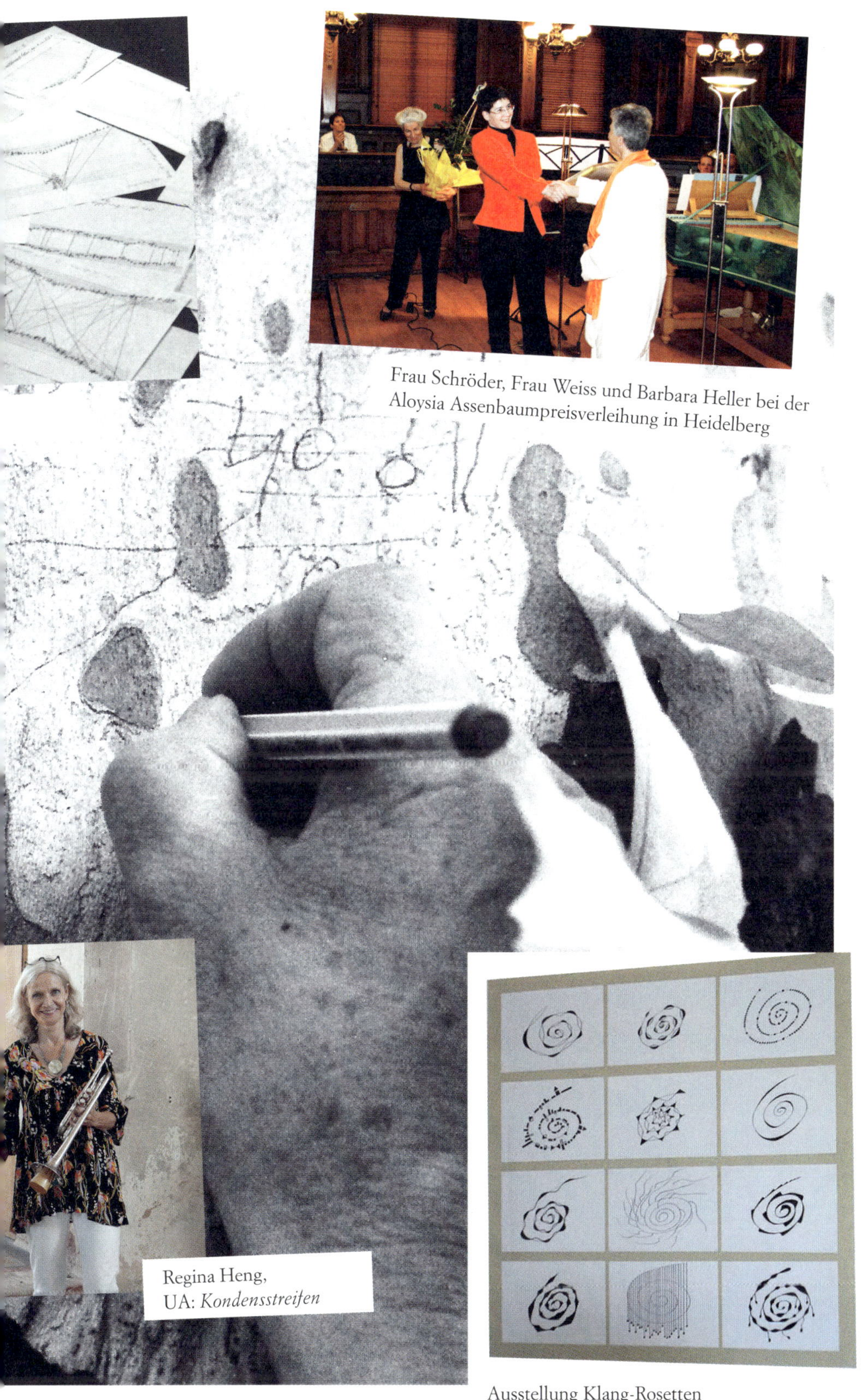

Frau Schröder, Frau Weiss und Barbara Heller bei der Aloysia Assenbaumpreisverleihung in Heidelberg

Regina Heng,
UA: *Kondensstreifen*

Ausstellung Klang-Rosetten

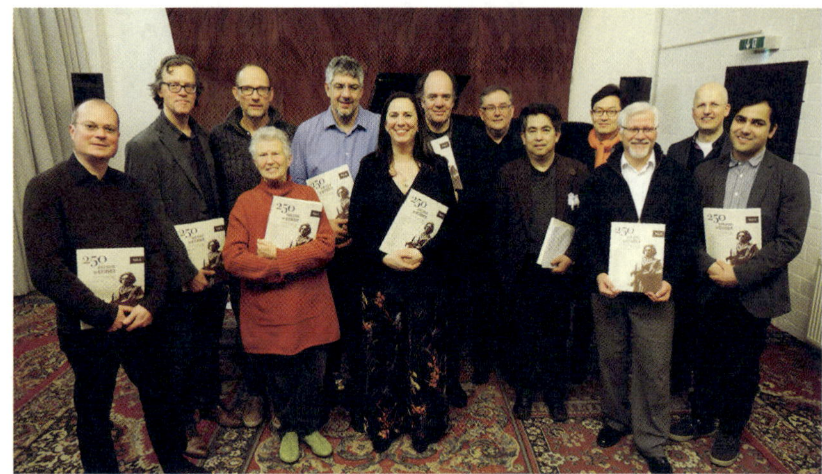

Veröffentlichungskonzert der Notenedition Vol. 4, „250 piano pieces for Beethoven“ mit Barbara Hellers Klavierstück *Ciao, Ludwig!* am 14. Januar 2018 im Klavierhaus Klavins Bonn. Pianistin: Susanne Kessel. V.l.: Jan Kopp, Rainer Nonnenmann, Albrecht Maurer, Barbara Heller, Nikolas Sideris, Susanne Kessel, Andreas Wagner, Shigeru Kan-no, Dohun Lee, Louis Sauter, Markus Karas, Mark Rayen Candasamy (Foto: David Kremser)

Werkregister Barbara Hellers (chronologisch)

1983 *Freude und Trauer* 49
1984 *An die Vergessene*
1984 *Currants – Johannisbeeren* 59–61, 65
1984 *Ich will,* Filmmusik
1984 *Scharlachrote Buchstaben* 61, 63–66, 134
1984 *Tre Lettere Scarlattine* 63, 66
1984–87 *3 Stücke für Oboe oder Tenorblockflöte*
1985 *Eins für Zwei* 17, 67, 69
1985 *Tagebuchblätter für Violine und Klavier* 11, 57, 62, 77, 153
1985 *Tonkette* 88
1986 *Anna Z.,* Klaviersolo
1986 *Für Elli in Trauer* – Blockflöte
1986 *Furore – ein Traum* 19, 64, 71–73, 88
1986 *Reißverschluss*
1986 *Requiem fürs Mäuseherz*
1986 *Trauernde Sirene*
1986 *Was es ist,* Lied
1986/87 *Intervalles* 65
1987 *Briefe,* ein Improvisationskonzept
1987 *Da capo al fine,* Musik zu einem Stumm-Fernseh-Film
1987 *Fenster*
1987 *Im Feuer ist mein Leben verbrannt,* für gemischtes Ensemble 12, 18, 81–83, 95
1987 *Nah oder Fern* 55–58, 85
1987 *Schmerz,* Postkarte
1988 *Böhmisches Lied für Václav Havel* 18, 76
1988 *Tiger im Käfig,* für 2 Klaviere
1988 *Ton-Zeichen,* grafische Kompositionen 17f, 88, 91–93, 134
1988 *Ton-Zeichen,* Klavierausgabe
1988 *Wenn Töne auf Bananenstauden wachsen würden,* Blockflöte 18, 91, 106
1989 *Das Quintenbuch* 65, 86–91
1989 *Hintergrund-Vordergrund und Tonschleifen,* Tonbandmusik
1989 *Hörfenster,* elektroakustische Komposition
1989 *Lalai für Violine und Klavier* 75–80, 88, 98, 125, 149–151
1989 *Lalai für Violoncello und Klavier* 80
1989 *Nelkenblume,* Klavier 76
1990 *Fundsachen* für Instrumente ad libitum 91
1990 *Incantata I,* Tonbandkomposition
1990 *Nachtschattengewächse,* Tonbandkompositionen
1990 *Schmetterlinge* (1. Version für Klarinette und Flöte) 17, 94–97
1990 *Schmetterlinge* (2. Version für 2 Konzertflöten)
1991 *Die Avantgarde macht Pause,* Tonbandkomposition mit Niko Heyduck
1991 *Die Spiele zu zweit,* Klavier und singende Tür
1991 *Fleißige Bienen,* Tonbandkomposition
1991 *Im Lot,* Klanginstallation für Eva Korn
1991 *Impulse,* Klanginstallation für Franca Weiss

1991 *Klangvitrine für Joseph Beuys*, Klanginstallation Heller/Harenberg
1991 *Korkspiele, präpariertes Klavier,* Tonbandcollage
1991 *Un poco*, Piano solo 65, 98
1992 *Die gelbe Tapete,* Klaviermusik zur Lesung des Buches
1992 *Rondo* (grafisches Kollektivkonzept für 5 bis 15 Instrumente ad lib.)
1992/93 *Requiem der Requisiten*, elektroakustische Filmmusik
1993 *Auf der Suche nach dem Frühling*, Flöte solo
1993 *Domino,* grafische Komposition für 1–2 Instrumente 109, 155
1993 *Etüden für Altblockflöte und Blockflötenduos*
1993 *Frühlingsruf*, Altblockflöte
1993 *Horchstation 1* (Tonband)
1993 *Klangzeichen,* Klanginstallation für Marija Gimbutas 98
1993 *Parlando* für Flöte und Klavier
1993 *Studien für Flöte solo*
1994 *Blühen 415* für Flöte und Stimme
1994 *Bourrasque-Windstoß für* Altblockflöte
1994 *Horchstation 2* (Tonband)
1994 *Hörstationen* (Tonband) 99
1994 *Kartenspiele – Il pleut à Paris*, für 1 bis 10 Instrumente 61, 106, 155
1994 *Spielpläne,* grafische Notation 121, 155
1994 *Stationen* für gemischtes Ensemble 103f, 109, 155
1995 *Das Bewusste und das Unbewusste,* Sprachcollage für Peter Thoms
1995 *Lalai für Flöte, Viola, Gitarre und Percussion* 80, 85
1995 *Roter Klee für 2 Klaviere*
1995 *Stein auf Stein* für 2 Lautsprecher (Heller/Heyduck) 99
1995 *Ton-Zeichen*
1995 *Wenn Töne auf Bananenstauden wachsen würden*
1996 *Selbstgespräch* 11, 106
1996 *Rosen ohne Dornen*, Tonbandinstallation für Franca Weiss
1997 *La Palmera*, Duo Flöte und Klavier
1997 *Triandáfila*, Duo für Horn und Flöte 108f
1998 *Willkommen im Paradies* (elektroakustisch, Heller/Heyduck) 99
1998 *Come una Colomba - Wie eine Taube,* Liederzyklus 111
1998 *Eisenblume,* Violine und Klavier 76
1998 *Englischhorn – Solo Album* 106
1998 *Nun sind die Kraniche längst im Süden,* Liederzyklus
1998 *Tonspiele*
1999 *Courante für Cembalo* 47
1999 *Das besondere E*, Klavierstück für Eva Rieger
1999 *Hundertmelodienbuch* für Flöten 100f, 113–115
1999 *Quint-Spiele* für Klavier
1999 *Träumerisch*, für 2 Klaviere
2001 *Impianti*, Tonbandkomposition
2001 *Stimmungen*, für Streichinstrumente solo
2003 *Hommage an Fanny Mendelssohn*
2003 *Notte di Maggio / Mainacht* für Orgel

2003 *Persisches Lied* für Orgel
2003 *Quinten-Roman,* Konzept für Klavierimprovisation
2003 *Weiße Tasten – Schwarze Tasten* 121f, 137
2003/04 *Intervallbuch für Klavier* 117
2004 *Nacht-Tagebuch für Klavier*
2004 *Quartspiele,* Sammlung leichte Klaviermusik 118
2004 *Strandwellen,* Klaviersolo
2004 *Walzer für jeden Tag* 119, 124
2005 *20 Melodien* aus dem Hundertmelodienbuch (Julien Singer)
2005 *Stimmungen* für Blasinstrumente solo
2005–07 *Klangblumen, 25 Klavierstücke* 17, 78, 126–131, 151
2007 *Klänge und Zeichen* 155
2007 *Lalai für Harfe und Violine*
2008 *Klangblumen,* 14 Stücke für Flöte und Klavier
2008 *Klangblumen,* 14 Stücke für Violine und Harfe
2008 *La Caleta,* 2. Streichquartett 13, 118
2008 *Patchwork,* 3. Streichquartett 118, 132f
2008 *Minutentrios,* für Violine/Flöte, Violoncello und Klavier
2008 *Klangblumen,* 14 Stücke für Violine und Klavier
2009 *Do-re-mi-fagott,* Quartett für vier Fagotte 78
2009 *Klangblumen,* 17 Stücke für Harfe solo
2009 *Lalai – Schlaflied zum Wachwerden? für kleines Orchester* 18, 75, 140
2009 *Lalai – Schlaflied zum Wachwerden? für vier Fagotte* 78
2009 *Musik für Streichorchester*
2009 *Patchwork,* Version für Streichorchester
2009 *Quartettino für Blockflöten*
2011 *Bläserquintett*
2011 *Herbstmusik,* Duo für Cello/Klarinette, und Klavier 119, 125, 134, 138–141, 152
2011 *Solfeggien für F, Flöte Solo*
2011–13 *Zwiegespräche,* 9 Duos für Violine und Viola
2011–12 *Klangspuren,*76 Klavierstücke für den 119, 135, 143, 151 Barbara Heller-Klavierwettbewerb
2012 *Sieben Duos* für zwei Altblockflöten
2012 *Herbst-Duos* für 2 Altblockflöten
2012 *In Bewegung,* Klaviersolo für Peter Hanser-Strecker
2012 *Siegburger Duos* für Flöte/Klarinette
2012 *Vierhändig*
2012 *Zwei zu Eins / two for one,* Violinduett 138
2012–13 *Zwiegespräche, 10 Duos für Violine und Violoncello*
2012–13 *Zwiegespräche, 9 Duos für zwei Violinen*
2013 *Choral für Elke Mascha Blankenburg,* Orgel solo
2013 *Choral für EMB,* Orgel und Klarinette
2013 *Herbstmusik für Viola und Klavier* 141
2013 *Maria durch ein Dornwald ging,* Flöte solo
2013 *Vom Himmel hoch,* Flöte solo

2013 *Zwiegespräche*, 9 Duos für Flöte und Klarinette
2013 *Zwiegespräche*, 9 Duos für zwei Klarinetten
2014 *Arriba!* Klaviertrio 119
2014 *Die Geschichte vom Schloss im Meer*, Klavier 130
2014 *ImmerMeer*, Konzertstück für Klavier
2014 *Fünf-Finger-Turm*, Klavierstücke auf schwarzen Tasten 142–144
2014 *Hidden Stream*, Klaviersolo
2014 *Luftblasen*, für Altblockflöte 100
2015 *Fliegender Vogel*, Sammlung Klavierstücke 147
2016 *Wenn der Frühling kommt*, 10 leichte Klavieretüden für Kinder 146
2017 *Hand in Hand*, 50 Etüden für Klavier 145
2017 *Ciao, Ludwig!* Klavierstück, in: 250 piano pieces for Beethoven 158
2018 *Gesten* für Violoncello Solo 149f
2018 *Reise in ein Fremdes Land*, Klavierstück für Dai Amakawa
2019 *Mariendistel* für Klarinette/Cello und Klavier 131, 151
2019 *Vier Bilder* für Altblockflöte und Klavier, in Sammelband: Altblockflötenkonzertbuch, Schott ED 22403
2019 *Kondensstreifen* für Trompete und Klavier/Orgel 157
2019 *Anagramme* für Ida Dehmel, Klavier
2019 *Phantome*, für Akkordeon und Flöte
2020 *Luftspuren*, für Klarinette und Orgel
2020 *Yin Yang* – Bitonale Minietüden für Klavier (work in progress since 2016)
2021 *Hör-Bilder*, 15 Legenden für Klarinette Solo 155
2021 *Hör-Bilder*, Legenden für Saxophon Solo
2022 *Klang-Bild*, Klavier solo für Britta Elschner 21
2023 *Terz-Spiele*, Klaviermusik für den Unterricht 118

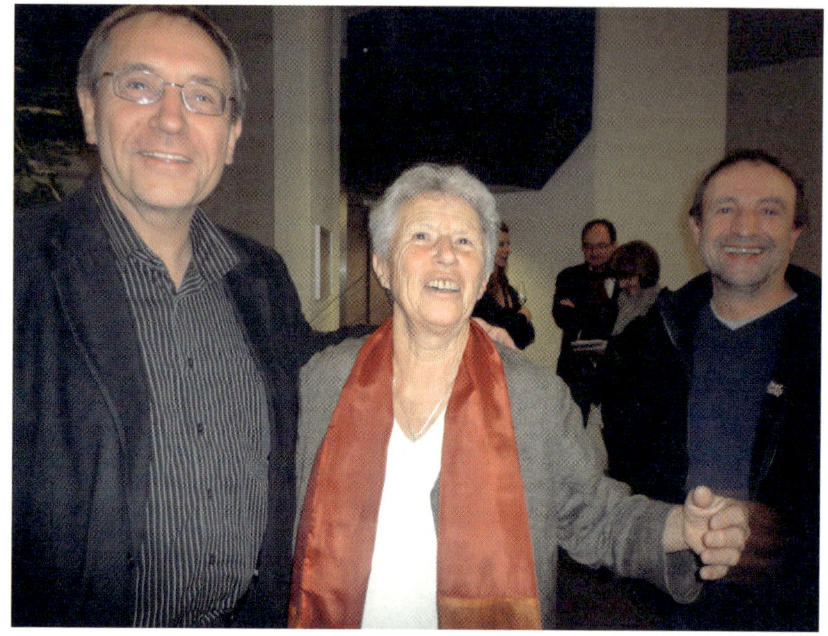

Rainer Mohrs, Barbara Heller und Peter Mischung beim Konzert zum 75. Geburtstag Barbara Hellers, Akademie für Tonkunst, Darmstadt 11.11.2011 (Foto: Heide Kratz)

Namenregister

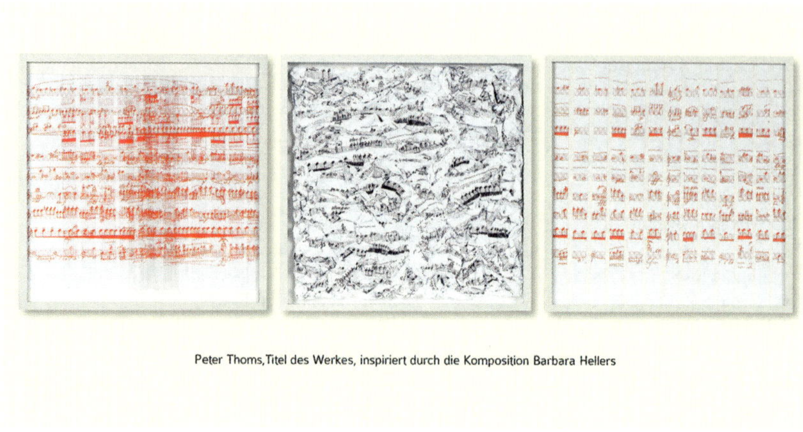

Einladungskarte zu einer Ausstellungseröffnung des Malers Peter Thoms in Darmstadt